于无疑处生疑

杨俊杰 ◎ 著

高中文言文批判性思维教学实践探索

上海大学出版社

图书在版编目(CIP)数据

于无疑处生疑 / 杨俊杰著. —上海：上海大学出版社，2023.9
ISBN 978-7-5671-4804-8

Ⅰ.①于… Ⅱ.①杨… Ⅲ.①文言文-教学研究-高中 Ⅳ.①G633.302

中国国家版本馆 CIP 数据核字(2023)第 165258 号

责任编辑 / 司淑娴
封面设计 / 缪炎栩
技术编辑 / 金　鑫　钱宇坤

于无疑处生疑
高中文言文批判性思维教学实践探索

杨俊杰　著

上海大学出版社出版发行
(上海市上大路 99 号　邮政编码 200444)
(https://www.shupress.cn　发行热线 021-66135112)
出版人：戴骏豪

＊

南京展望文化发展有限公司排版
江苏句容排印厂印刷　各地新华书店经销
开本 890mm×1240mm　1/32　印张 6.25　字数 163 千
2023 年 9 月第 1 版　2023 年 9 月第 1 次印刷
ISBN 978-7-5671-4804-8/G・3537　定价：40.00 元

版权所有　侵权必究
如发现本书有印装质量问题请与印刷厂质量科联系
联系电话：0511-87871135

序　言

　　我长期从事文化批判与跨学科方面的研究与教学，对中小学的语文教学自然多了几分关注。曾听过一些中小学语文课，小学语文课堂上充满十万个为什么，提问声此起彼伏，小学生七嘴八舌，争先恐后，教师顾前忙后，答疑解惑，一派热闹繁忙。可到了高中课堂，教学井然有序，教师重点关注字词释义、文言翻译、语法修辞，台上教师滔滔不绝，台下学生奋笔疾书，笔记精致工整，可往往缺少对文本的思想性、逻辑性与合理性的探讨，一堂没有思想内涵挖掘、没有写作意图探究的语文课，总令人觉得高中语文教学似乎有点缺憾。

　　有机会认识了市西中学的杨俊杰老师，在与他的交谈中，我发现他是一位既有理想情怀，又能躬身践行的好老师，他常从未来培养什么样的人的高度来审视语文教学。他常提到，在当下这个时代，想要拨开重重迷雾，看清事物真相，表达真实情感，重塑高尚灵魂，具备一定的批判性思维显得格外重要。这句话对我也有所触动，在我看来，批判性思维不只是一种思维方式，它更像是一种生命的态度。引用谢小庆先生的一句话，那就是要"不懈质疑，包容异见，力行担责"。杨老师在发现问题的基础上，努力尝试去解决这些问题，教师的职责是育人思想、解放灵魂，为此他花了十多年的时间，在培养学生思维品质上扎扎实实做足了教学研究工作，将批判性思维教学纳入他的教学范畴。

　　细读本书，能从字里行间看出杨老师的用心。从课前预学，到课堂教学，再到课后总结，每一步都走得妥妥帖帖，不杂不乱。他研究

于无疑处生疑

的内容丰富而全面,他的每一处教学设计都精心规划。对于一位中学教师而言,他擅长的是教学实践,理论研究并非专长,但他却很好地将理论与实践进行融合,逐渐摸索出了一套教学模式,形成了自己的批判性思维教学理念。高中是学生价值观碰撞并逐步形成的黄金阶段,如果学生能通过批判性思维教学的熏陶,将自己塑造成一个具备正确价值追求的人,那么杨老师的教学改革实践就是一件非常有意义的事情。我觉得,是不是一定要从古代文学作品入手去实施批判性思维教学并非重点,即使没有古人撑腰,他照样可以把自己的教学理念贯穿在语文教学中,而一旦学生养成了良好的思维习惯,那么其思想便会如泉水般汩汩而出,这就是杨老师和我所期待的。

身在第一线的中学教师,日常工作本就细碎烦琐,过多的学生事务势必会牵扯教师的精力,要集中于专业发展,难度可见一斑,更无暇顾及著书立说。语曰:"非知之难,行之惟难;非行之难,终之斯难。"让我颇为感动的是杨老师执着于批判性思维教学的勇气和干劲,能在繁重的教学工作之余,笔耕不辍,在学术上有所长进,这样的治学精神值得赞许。

杨老师说他的书是抛砖引玉,我更觉得他就是一块璞玉,在岁月的打磨下,静静散发出自己的光辉,润泽学生的心灵。一个具有批判性思维的人,他的精神状态永远是虚怀若谷,谦卑恭敬地对待这个世界。期待他带领学生在思维的海洋中搏击风浪,捕捉到属于自己的灿烂星空。

重庆大学外国语学院教授、副院长
2023 年 5 月

自　　序

　　从事语文教学工作20多年来,我始终紧跟语文教学改革的步伐,及时更新教学理念,不断完善知识结构,努力让自己成为一名优秀的语文教师。我时刻提醒自己,要守好语文课堂这一教学阵地,给同学们认真上好每一堂语文课,不仅要让他们习得语文的知识和技能,更要从中学会为人处世的道理,这是我对语文教学纯粹而真诚的期待。

　　《普通高中语文课程标准(2017年版2020年修订)》中已明确提出将"思维发展与提升"作为语文学科的核心素养。培养学生的思维能力,尤其是批判性思维能力,是语文教学所要肩负起的一项重要使命。然而,将批判性思维能力的培养与日常的语文教学相结合,却是一项复杂且具有挑战性的工作。两者的融合教学,不是简单地套用学科间的概念知识,而是要引导学生在语文课程学习过程中,如何运用批判性思维去发现问题,提出问题,假设推断,寻找证据,最终解决问题,进而纠正学生原有的固化思维习惯和模式,看清自己学习上的思维漏洞和局限,由此提升自身语文学科核心素养。

　　在写作本书时,我从一线教师的角度出发,将自己在教学过程中运用批判性思维的心得体会记录整理,尽最大的努力从实践中寻得行之有效的教学方法策略与合适的教学内容。

　　本书内容由两部分组成:第一部分是理论阐述。我对国内外近二十年来有关培养批判性思维的研究成果做了较为全面的梳理,在完成相关文献综述的基础上,将专家学者的研究理论、经验与本人的教学认知、实践相结合,从备课、教学、评价三方面总结阐述自己的教

于无疑处生疑

学观点和主张。第二部分聚焦教学实践。重点从以下几个板块来实现：① 阅读导引。学生在预学过程中，提出自己的学习问题和疑惑，然后从中提炼出核心问题，以此作为后续学习的重要支点，这是对学情的充分关注，也是教学开展的第一步；② 字斟句酌。师生双方围绕之前的核心问题，对课文的细节反复进行品味、鉴赏和推敲，从细节处着手衍生出推进文本思考的逻辑链，这是对文本的深入解读；③ 教学现场。用实录、点评和总结三者相结合的方式，详细描绘师生双方运用批判性思维实施语文教学的全过程，在鉴赏和质疑的基础上，重点运用批判性思维对学生提出的问题作出有理有据的解答，在解答中不断反思，以此推进课堂教学内容的深度拓展；④ 教学流程。将完整的批判性思维教学过程从头至尾加以条块化梳理，用简洁、直观的方式加以呈现，使得师生双方对所学内容一目了然。⑤ 因文制宜。针对类型文章，分别从文本分析和逻辑推理入手，对其中的教学经验和教学逻辑归纳总结，为师生提供一条教与学的参考提示。⑥ 思维导览。依托于因文制宜板块，将解读分析类型文本的思考过程再一次浓缩提炼，用提纲挈领的关键词句，使语文教学和批判性思维运用两者融合呈现在一张思维导图上。以上内容的编写，从整体到局部，从内容到形式，从实操步骤到经验总结，呈现出一次完整的高中文言文批判性思维教学过程。

我坚信批判性思维教学能使学生进一步加深对古代经典文学作品内涵的理性思考，更好地传承和发扬中华优秀传统文化。我也深信批判性思维教学可以培养学生全面客观地认知世界、认知自我的能力，从而让他们在未来的生活工作中更加从容不迫。姑且用成书的方式来求得同仁们的关注认可，共同为语文教学改革创新献计献策，使语文教学变得更加精彩动人。

杨俊杰

2023 年 2 月

目　录

理　论　建　构

第一章　批判性思维研究综述 …………………………… 3
　一、批判性思维的提出与沿革 …………………………… 3
　二、批判性思维的教学理念 ……………………………… 4
　三、批判性思维的过程 …………………………………… 5
第二章　高中语文批判性思维教学现状分析 …………… 8
　一、目前教育界对语文教学中批判性思维的研究现状 …… 8
　二、现阶段提倡批判性思维教学的必要性 ……………… 9
　三、批判性思维教学对学科教师提出的要求 …………… 12
第三章　批判性思维教学实施原则及流程建构 ………… 15
　一、批判性思维教学实施原则 …………………………… 15
　二、批判性思维教学流程建构 …………………………… 16
第四章　高中文言文提倡批判性思维教学的价值意义 … 20
　一、更新文言文教学理念 ………………………………… 20
　二、丰富文言文教学内容 ………………………………… 21
　三、改造文言文教与学的思路 …………………………… 22
　四、透析传统文化的精华 ………………………………… 22
第五章　高中文言文批判性思维教学构想 ……………… 24
　一、教学目标的建构 ……………………………………… 24
　二、教学内容的建构 ……………………………………… 27

三、教学方法的建构 ……………………………… 36
四、教学评价的建构 ……………………………… 40

教 学 实 践

倾听理性的声音
——透视中国古代士大夫的勇气与责任 ………… 59
文体之辩：史论还是政论？
——《六国论》文体评议背后的思考 ……………… 75
鸿文乎？妄文乎？
——另眼看《过秦论》 ……………………………… 88
真实的情感源自何处？
——走出项脊轩后的留影 …………………………… 101
"情"之背后的智慧人生
——如何理解《陈情表》中的情感诉求 …………… 113
历史的表里
——从鸿门宴上项羽不杀刘邦说起 ………………… 125
悲剧英雄的"完美"人设
——《李将军传》人物形象反思 …………………… 139
忠诚之职：谁才是真正的英雄？
——《廉颇蔺相如列传》人物评议例析 …………… 153
动之以"利"，明之以"礼"
——从《烛之武退秦师》看史观背景下的文学作品解读 …… 167
穿越时空的辟谣者
——共读《石钟山记》 ……………………………… 180

后　　记 …………………………………………… 191

理论建构

第一章　批判性思维研究综述

一、批判性思维的提出与沿革

早在古希腊时,苏格拉底——这位最早的"批判性思维者"就已开始在雅典市场四处向人们的传统信念和习惯发起挑战,他用提问的方式让人们意识到自己思维的不合理性和不一致性。20世纪20年代,美国民主主义教育开山人杜威则将这种通过理性思考达到合理结论的思维模式称为"反省式思维"(reflective thinking)。美国学者格拉泽尔于1941年将该思维模式的内涵进一步细化为"合乎逻辑的有关质疑和推理的方法以及运用这些方法的技能"并首次以"批判性思维"(critical thinking)为其命名[1],有趣的是,英文"critical"正是源于希腊词"kritikos",意为"分辨力""决断力"或"决策能力"[2]。至20世纪90年代,美国哲学学会组织相关领域的权威专家对"批判性思维"的定义进行研讨并基本达成共识——批判性思维是有目的的、不断自我调整的判断。这种判断表现为解释、分析、评估、推论,以及对做出判断所依据的证据、概念、方法、标准和其他必要背景条件的说明[3]。

20世纪80年代末期,"批判性思维"这一概念被引入到国内并引

---

[1] 谢小庆.审辩式思维[M].上海:学林出版社,2016:3-4.
[2] 博斯.独立思考:日常生活中的批判性思维:2版[M].岳盈盈,翟继强,译.北京:商务印书馆,2015:6.
[3] 谢小庆.审辩式思维[M].上海:学林出版社,2016:5.

发了学者们的关注。1989年姜丽蓉等编译的《批判性思维》（[美]约翰·查非著)作为我国第一本批判性思维译著,对批判性思维的概念和方式进行了系统全面的阐释。20世纪90年代中后期,刘儒德等学者开始研究批判性思维,对批判性思维的内涵、意义和培养途径进行探讨,我国批判性思维的研究也由此拉开了序幕。董毓认为"批判性思维"是对思维主体的观念或假说做合理考察的一种思维能力,要求思维主体以求真、公正、反思和开放为四大原则进行批判性思辨过程[①],谢小庆则更倾向于"审辩式思维"的译名,并将其定义为"不懈质疑,包容异见,力行担责"[②]。

结合近年来众多专家学者对批判性思维的研究成果,简要总结,明确以下四点：

(1) 批判性思维实际上是一种反思能力的体现,是在发现问题或不足之后,通过吸收不同的观念、寻找完善结论,进而形成决策的思考过程。

(2) 批判性思维的关键,不在于它能得出什么结论,关键在于它的过程,这是一个谨慎反思的过程。

(3) 批判性思维要求在这个反思的过程中要尽量做到公正、全面、深入的思考,而不是简单做出评判。

(4) 批判性思维同时对具备这种思维品质的人也提出了很高的要求,那就是要做到自信、开放、求真和诚实。

二、批判性思维的教学理念

详尽阐述批判性思维的教学理念是一项艰巨而烦琐的工作,我们可从前人的研究中攫取其中一小块来引发教育工作者的思考。比如,批判性思维教学理念中曾提到以下几点培养目标：传授批判性思维知识、发展批判性思维技能以及培养具有批判性思维态度和习

---

① 董毓,余党绪.批判性思维与思辨读写对谈[J].语文教学通讯(高中),2017(1)：4-6.
② 谢小庆.审辩式思维[M].上海：学林出版社,2016：13.

性的批判性思维者。对于第三点中的批判性思维者,美国加利福尼亚州立大学索诺模分校"批判性思维与道德性批评中心"所长保尔(R. Paul)又做出如下区分:"无批判性的人"和"批判性的人"。前者不去推敲某种事物与他人的主张,全盘接纳,或是凭借自己的印象与好恶做出结论;而后者则对于批判性思维又做了"弱势"和"强势"批判性思维之分,并且主张进行强势批判性思维。在保尔看来,弱势批判性思维可以理解为同个人性格无关的一连串分割的微观逻辑性技能,强势批判性思维则为内在于个人性格、自身的认知及情意过程的连续整合的宏观逻辑性技能[①]。

强势批判性思维是有选择地进行判断的"多重逻辑性"思维,在这种思维中,能够关照自我与他人观点的差异。而弱势批判性思维则是以自我中心或是社会中心为主,从自己的观点出发思考事物,或者以自己所在的社会为中心进行思考,容易形成单一思考导致的偏见与片面理解。强势批判性思维则认为,他人的观点与立场可能是对的,能够相对客观地看待自己的思维过程[②]。

从以上的阐述中,我们不难发现,不仅教学需要批判性思维,个人生活的方方面面也都与之相关。尤其是在当下信息繁杂、节奏迅速的社会生活中,几乎人人都会陷入不知该相信什么、该做什么的困境之中,分辨和判断常常是一个不容易的过程。相对于缺乏思辨、以本能或好恶来做出反应的人,那些具有批判性思维能力,尤其是具备一定强势批判性思维能力的人,能够更容易解决困境、更好地掌控自己的生活,实现自己的人生目标。为了达成这样的教育愿景,坚持批判性思维教学势在必行。

三、批判性思维的过程

要培养学生的批判性思维能力,我们首先需要用批判性思维去

---

① 钟启泉.现代课程论[M].上海:上海教育出版社,2015:512-513.
② 钟启泉.现代课程论[M].上海:上海教育出版社,2015:513-514.

建立一个理性的、开放的、依赖于信息和经验证据的过程。这个过程主要是通过逻辑步骤引导我们的思想,来拓宽我们的视野,接受发现,抛开个人偏见,并考虑一切合理的可能性,而不是让我们的大脑在面对现象时直接跳到结论。

对于批判性思维的过程,希契柯克曾总结出一个七要素模式(OMSITOG),恩尼斯则用FRISCO将其表述为六要素模式,具体内容如下(表1)[①]:

表1 希契柯克七要素模式与恩尼斯六要素模式

希契柯克七要素模式(OMSITOG)	恩尼斯六要素模式(FRISCO)
(1)对要分析的文章段落形成总体观点(Overview)	(1)识别重点:主要观点或主要问题(Focus)
(2)澄清意义(Meaning)	(2)识别并评估相关理由(Reasons)
(3)描绘该论证的结构(Structure)	(3)判断推论(Inference)
(4)检查推导是否合理(Inference)	(4)注意情景:产生意义和规则的背景(Situation)
(5)评估论证初始断言的真假,即评估结论的证据(Truth)	(5)确立和保持语言的明确性(Clarity)
(6)考虑其他相关证据和论证(Other)	(6)重新审视自己的探究、决定、知识及推论(Overview)
(7)给该文章段落评级(Grade)	

简尼赛克和希契柯克将批判性思维的过程描述为解决问题的形式,其主要构件由以下七个部分组成[②]:

---

① Jenicek M, Hit Chcockd. Evidence-Based Practice: Logicand Critical Thinking Medicine[M]. Chicago: AMA Press, 2005.
② 希契柯克.批判性思维教育理念[J].高等教育研究,2012(11):58-59.

(1) 问题识别与分析：识别主要疑问或论点，将其分解成更小的组成部分。

(2) 澄清意义：明确字词、词组、句子。

(3) 搜集证据：获得与问题相关的证据。

(4) 评估证据：判断证据的质量。

(5) 推导结论：依据最好的证据推导结论，或评估他人做出的推导。

(6) 考虑其他相关信息：可能的情景，条件因素，可能的反驳和批评等。

(7) 综合判断：对问题进行综合判断，考虑批判性思维过程的所有要素。

在这个过程中，思维者并不是按照一种固定的序列单向演进，而是可能在这些要件中，从一个点到另一个点，甚至在各要件中迂回与反复来实现。在整个思维过程中，须存有聚焦点，这个聚焦点的呈现有着不同的形式，常见的可以是一个中心问题、一种可能假设，也可能是某个问题或现象的最终结果。在整个批判性思维过程当中，要始终围绕中心问题或主题，识别、分析和阐述问题，从不同角度去分析。批判性思维过程中的推理是寻求结论的思考，当然，批判性思维肯定不是单一论证评估或推理，而是多因素综合分析研判的复杂过程。最终，批判性思维者应当对于中心问题有明确的立场和结论，在完成整个批判性思维过程后，对于提出的问题有着基本判断，能设计出不同的解决问题方案，且有最终的选择。在这个过程中，不仅有论证和推理，还包含思辨和创造，包含对于相关因素的评估和思考①。

---

① 希契柯克.批判性思维教育理念[J].高等教育研究，2012(11)：58-59.

第二章　高中语文批判性思维教学现状分析

一、目前教育界对语文教学中批判性思维的研究现状

近年来,国内有关批判性思维课程设计和教学方面的论著逐渐增多。2002年,钟启泉教授的《"批判性思维"及其教学》一文就批判性思维教学的相关原理和技术做出尝试性探究;2015年,武宏志、张志敏在所著《批判性思维初探》一书中详细论述了批判性思维教学方式。不少学者结合所从事的具体学科实践开展批判性思维研究,以自身学科契合于思维发展的特性为着眼点去探索批判性思维培养。

随着国家新一轮课程改革方案的颁布实施,新课程、新课标、新教材(简称"三新")逐步推进,各学科围绕本学科特性,提出的学科核心素养成为实现教学理想的关键。其中对于学生思维能力的培养,成为各学科教育实践研究的共同目标,而批判性思维作为培养学生创造性思维的核心要素,是将来从事创新活动或工作所需具备的最重要的素质和能力。把批判性思维融入高中语文教学不仅是贯彻"三新"教育理念、适应新时期教育改革的必然,也是学科谋求自身突破发展的需求。

将批判性思维融入语文学科教学,从目前实践研究的成果来看,主要集中在以下几个方面:第一,从顶层设计的角度出发,研究分析批判性思维在语文教学中的形成原因、达成要素、教学流程以及价值

意义,研究者就研究成果进行归纳总结,并相应提出自己的语文教学理论;第二,以课程设计或教材使用为出发点,研究其对培养批判性思维的适用性与可行性;第三,立足于语文教学实践现状,通过研发适切、丰富的教学策略或模式来促进语文课堂教学的改革与创新;第四,从具体语文教学实践案例出发,通过直观再现具体详实的教学过程,努力从教学实践中归纳总结出关于批判性思维培养方式的实操经验;第五,关于语文教学中的批判性思维评测研究,此方面难度最大。

从目前研究现状来看,有关批判性思维在语文教学中的研究,理论研究大于实践研究,阅读教学的研究多于写作教学的研究,从学科整体入手的宏观教学理论研究要强于围绕不同文本类型批判性思维具体培养方法和路径的微观研究。基于以上研究现状的分析,考虑到学生学情以及一线教师的实际教情,如何立足课堂、关注学生思维发展、更有效地将批判性思维融入师生教学日常,成为本书写作的目标追求之一。

二、现阶段提倡批判性思维教学的必要性

(一) 信息传播方式大变革的时代背景

自从 20 世纪电报、电视、电影等媒介闯入儿童的生活后,成人和儿童之间的信息壁垒便被毫不留情地撕开了,识字文化所要求的成年特征随着电子媒介阅读的替换消失不见,成人与儿童之间不再有泾渭分明的界限。《娱乐至死》的作者尼尔·波兹曼敏锐地观察到这一点并略带悲观色彩地认为童年即将因此而不复存在,因为"一个群体主要是依据其成员所拥有的特定信息来决定的。假如人人都懂得律师所了解的一切,律师就无须存在了。假如学生知道老师所知道的一切,也就无所谓老师和学生之间的差别了"[①]。诚然,当互联网把

---

① 波兹曼.童年的消逝[M].吴燕莛,译.北京:中信出版社,2015:101.

电脑和手机变成一个移动学校,常规意义上学校所使用的任何学科教育看似都失去了价值——教材上的内容在网络上都能搜索到对应详尽的分析,甚至连老师的教案都能检索到,而老师检索信息的能力还未必比学生来得强,这种信息差值几乎可以忽略不计的现象似乎真的成了教育的危机。事实上,互联网虽然能让信息差值消失,但是它却不能让人与人之间处理信息的能力差距消失。而教学从本质上来说从来就不是教给学生知识,而是在教知识的同时教给学生学习的思维、能力与方法。如果教师能从单一的知识传授工作中解放出来,那么更高层次的思维碰撞又何愁没有发展的空间呢?

(二) 批判性思维之于认知与生活的重要性

帕斯卡尔有语:"人是一根能思想的苇草。"人的思想活动是无时无刻不在发生的,而我们是否真的善用了自身思考的能力?1939年秋天,有消息称德国政府正在谴责英国政府煽动谋杀希特勒,维特根斯坦认为即使英国政府真的煽动谋杀希特勒,他也不会感到惊讶。学生马尔康姆则表示不解,认为该行为与英国人的"民族性格"水火不容。当下维特根斯坦愤然与马尔康姆割袍断交,直到五年以后,维特根斯坦才在信中解释道:"你关于民族性格的议论,它的简单幼稚使我吃惊,我因而想到,研究哲学如果给你带来的只不过是使你能够似是而非地谈论一些深奥的逻辑之类的问题,如果它不能改善你关于日常生活中重要问题的思考,如果它不能使你在使用危险的语句时比任何一个记者都更为谨慎,那么它有什么用呢?"[①]维特根斯坦的话引人深思,他揭示了学习的目的不仅是学会思辨、学会如何学习,更需要将学习成果应用到现实生活中的思考与判断中去。对于当下身处信息大爆炸时代的学生而言,无论是真假难辨的信息还是良莠不齐的观点都让他们莫衷一是、眼花缭乱,再加上互联网时代智能化的应用和普及、多媒体的大量兴起都会导致知识信息的碎片化,而这

---

① 马尔康姆.回忆维特根斯坦[M].李步楼,贺绍甲,译.北京:商务印书馆,2012:131.

种碎片化蔓延的趋势又会造成学生慎独能力的匮乏,导致学生缺少深度审思的可能。作为教师,如何引导学生并且让他们在信息洪流中正本清源、保持头脑清醒?正是基于这一困惑,我们将目光聚焦于注重理性质疑与积极反思的批判性思维教学的研究与实践。

(三) 新课标对于批判性思维的引领与导向

批判性思维的习得对于高中语文学习的重要性是不言而喻的,这点从《普通高中语文课程标准(2017年版2020年修订)》(下文简称"新课标")中就可窥见一斑。

新课标大大加强了对提升学生"思维品质"的关注:不仅在对语文"课程性质"的定位中补充了"发展思辨能力,提升思维品质"的重要性,还在"基本理念"中再次强调"语言文字运用和思维密切相关,语文教育必须同时促进学生思维能力的发展与思维品质的提升",还将"思维的发展与提升"列入语文学科核心素养,着力于促进学生"获得直觉思维、形象思维、逻辑思维、辩证思维和创造思维的发展,促进深刻性、敏捷性、灵活性、批判性和独创性等思维品质的提升"。

除此之外,新课标还多次强调了"批判性思维"的重要性:在"课程目标"中提出学生要学会"运用批判性思维审视语言文字作品,探究和发现语言现象和文学现象,形成自己对语言和文学的认识"。与此同时,新课标在必修课程学习任务群6"思辨性阅读与表达"中再一次提醒教师"要注重对学生思维过程和思维方法的引导,注意发展学生的辩证思维和批判性思维,注重培养学生思维的逻辑性",褚树荣甚至认为"'思辨性思维'就是'批判性思维'"[①]。在选修课程学习任务群17"跨文化专题研讨"中也明确要求要引导学生"发展批判性思维,增强文化理解力"。此外,在25个学习任务群中还多次出现"辨析""审视""分析"等学生必须调动批判性思维才能实现的学习行为。

---

① 褚树荣.思辨何为:"思辨性阅读与表达"解读[J].语文学习,2018(8):59-63.

基于上述背景,我们应积极思考:如何以新的课程教学理念为引领,以新课标标准下的课堂教学为抓手,有效地提升学生的批判性思维品质?甚至更进一步——如何为一线语文教师不断实践、推进和优化批判性思维教学贡献一份自己的才智?这也正是编写此书的目的。

三、批判性思维教学对学科教师提出的要求

(一) 坚持"以人为本"的教育理念

语文教学不仅仅在于传授文化知识,还要尊重学生的个体成长,尤其要关注学生的思维发展。在"功利化"思潮影响下的今天,升学率依旧是评判教师教学质量好坏的重要标准,很多时候,我们没有把育人思想、树人品格放在第一位来思考,教师依据所谓的考纲考点,让学生在语文题海中机械训练、反复操作,而学生也在"师云亦云"的状态下为了应对考试而学习,老师怎么教,学生怎么学,学生也很少会对教师提出质疑。这种多极"权威固化"的教学秩序,实质上是对语文教学的极大伤害,学生高分低能则是语文教学低效甚至是无效的真实反映。

教师需要转变教学思维方式,通过批判性思维教学,从关心学生的成长需求出发,扩大学生的视野,唤醒学生的生命体验,激发学生的情感认知,让学生能自由、开放、真诚地面对世界,理性表达自己内心诉求。语文课堂中的批判性思维教学强调师生不要被所谓的"天经地义"的既定型结论所压制和束缚,而应以一种思辨的方式,完成自我世界的打破,不断帮助自己和他人走出认知的局限,不断地走向自我的开放和建构,完成真正意义上的"人"的蜕变和成长。在今后的语文批判性思维教学中,要紧紧围绕"人"展开并且始终关心"人",用客观、公正、理性的态度教育学生去认识身边的人、事、物。只有真正关心学生思想和心灵的成长,语文课堂才会有人味,才会震撼人心,才能培育出这个时代所需要的"真人"。

(二) 建构"海纳百川"的跨学科视野

批判性思维教学对语文教师也提出了非常高的教学要求。批判性思维教学尤其强调实证这一环节，它要求教师在教学过程中，如果对某些问题存有疑惑，那么在实证过程中就需要拿出真实可信的依据，通过合乎情理的论证，来证明你的质疑是否合理、能否成立。在信息化高速发展的今天，各种数据铺天盖地而来，让人目不暇接，哪些是有用的信息，哪些是无用的信息，不是一时片刻就能厘清道明的，甚至有些所谓的权威专家、权威言论，也可能存在信息不全、来源不明的问题，这更需要师生反复查证检验。

因此，教师在实际教学过程中会出现，虽然只是语文教学，但可能会涉及不同学科参与联动的综合型较强的跨学科教学活动。比如，社会学、历史学、心理学、逻辑学等不同学科，它们会从不同的角度去呈现和展示问题的多元性、深刻性和复杂性。这样的综合型多学科参与的教学过程，对师生双方来说是受益匪浅的。"海纳百川"的跨学科教学视野对语文教师提出了新的要求和新的挑战，一线语文教师不但是精通本学科知识的"专家"，还要成为具备一定其他学科知识的"通人"。语文教师的教学视野要更加开阔，要从单一维度上的语文教学视野，跨越学科经纬度，构建一个综合型的语文教与学系统。

(三) 重塑"互教互学"的师生关系

在教学过程中，教师应当适当降低自己的主导地位，要知道师生双方的社会经历是不同的，教师的成人视角和尚未走出象牙塔的学生视角从认知深度和广度来说，本身就存在很大的差异。此时教师应该将自己作为一名课堂教学的参与者，与学生平等地交流内心真实感受，将一切感悟经验真诚地与学生分享，这正是批判性思维教学过程中所追求的平等师生关系。在上一堂课、解决一个问题的时候，我们不必要求学生立刻做出任何判断或决策，而应采取互助合作的手段，共同就某个问题进行讨论研究。

在一线教学中，我们也真实地感受到，今天的学生关注自我价值，有着自己的价值判断和独立思考。他们在互联网环境下，学习过程可以轻松迅速铺展推进，学习的速度和广度不会输给教师，而且学习更新的频率更高更快，创新意识和个性诉求也愈加强烈，这些都是当代学生身上所表现出来的气质特点。当代青年学子身上独有的个性气息也会给教学带来或多或少的创见和启发。其实，许多观点和见解在不同的时代也会被赋予新的时代内涵，这本身就是对观点的传承与发展、拓展和延伸。从多个方面来看，师生间教学关系的真正价值，一定是在更为久长的岁月里获得彼此参证从而彼此唤醒的。我们的诸多判断往往要经历否定之否定的磨砺和洗礼后，才会来得真切而扎实，更富有时代的气息。

（四）确立"勇于担当"的责任意识

在批判性思维教学中，教师不能盲目迷信手头现有的各种教学参考资料、权威专家的分析与指导以及所谓的常识和经验，而须以谦虚谨慎的治学姿态、以自由平等的对话方式，去面对今天的语文教学变革和创新。在教学中，我们可以追求个人理解和分析，但也需要不断完善和超越个人的理解，在不断质疑、求证、反思和评价的过程中，使得自己的教学水平呈现螺旋式向上发展的态势。同时，教师也要用批判性思维方式去积极引导和激励学生的学习，帮助学生去自主阅读、发现问题、做力所能及的深度思考。两方面齐头并进，对教师有着极大的挑战，但我们要勇于担当、敢于挑战，要把语文课堂教学当作自己的主战场，带领学生在学习知识的同时也能不断地提升自身的品质和学科素养。

第三章 批判性思维教学实施原则及流程建构

一、批判性思维教学实施原则

(一) 保持思维理性

对于批判性思维课程的建构与设计,是达到既定培养目标的重要途径,但其有效性也受诸多因素的影响,如教师的专业素养、学生的背景与能力、批判性思维的知识和基础等。作为语文学科教师,可能常常会感到自己在教学中感性有余,而理性不足,这里的不足主要是认知领域的理性,是基于知识与逻辑的推理与判断。因而,对于实施课程的主体——教师而言,无论是面对课程教学内容,还是针对自身的学科素养,保持理性都是极其重要的根本。

(二) 共建思维目标

教师应对课程对应的思维目标非常清楚,并于整个教学过程之中一以贯之。在确保师生彼此都清楚课程目标的情况下,将教师的教学目标与学生的学习目标两者很好地结合起来,让教师和学生一起经历一个完整的思维过程,在共同学习的过程中达成课程的思维目标。

(三) 活用思维框架

在课程中可以使用一个批判性思维过程的指导框架,如简尼赛克和希契柯克的七要素要目表,建立"思维导图",并且根据不同的文本特征和教学目标,建立不同类型的思维导图。这样的框架使各种各样的批判性思维技巧有机关联,让教师在教学中胸有成竹,让学生在学习中有章可循。

(四)设置学习情境

批判性思维课程的实施应建立在各种情境体系中。第一,教师主动提供真实的学习情境,从而激发学生分析相关问题的可能性;第二,鼓励学生自己预设情境,为一个问题考虑多种相关事例,从而激发学生分析问题的积极主动性;第三,鼓励学生从各种不同途径中寻找对同一问题的证据和论证,以完善结论所需的情境。从多种多样的情境设置中提出最佳解决方案,让学生意识到他们所学的思维方式有广泛的实用性。

(五)鼓励自习自研

教师在教学过程中,要经常鼓励学生运用批判性思维的学习理念认知和指导自己的学习。如在问题讨论过程中,可要求学生在做出不合理结论后,反思导致自己错误结论的思维过程,从中找出做出不合理结论的原因以避免将来重蹈覆辙。而在这个过程中,教师要学会做一个倾听者,可让学生两人或多人一组,把自己的思维过程说给对方听,听的一方则进行记录并复述,双方或多方交换意见和建议,形成互动讨论的研习氛围。

二、批判性思维教学流程建构

批判性思维研究已呈现出百花齐放的格局,但如何将这些研究与高中语文教学的实际情况相结合,仍处于摸索和实验阶段。结合目前高中语文教学现状,批判性思维教学流程建构可以定义为基于语文教与学过程中的问题发现,并通过"知识接受—问题发现—假设质疑—探究实证—确立观点"等一系列思维活动而展开的教学实践活动,从而达到培养学生质疑精神、反思能力以及求真品格的目的,同时也让语文教学变得更加生动、活泼、睿智,更富有人文精神。

（一）知识接受

知识接受是批判性思维教学的基础。对知识的接受，尤其强调对知识的理解，不仅要知其然，还要知其所以然。只有能理解才可以发展认识，只有真正懂才能做到举一反三，才能在之后的学习中发现问题。

因此，在检验语文教学效果时，不应只是简单地看学生掌握了多少已知的知识，更要看学生在掌握这些知识的过程中，是否有思考、有发现，是否有自我更新的认知，并因此而激起一次佐证自己的发现和见解的学习经历。由此可见，培养批判性思维与传授语文知识之间是依存并渐进的关系。一方面，培养批判性思维不能代替学科知识的传授；另一方面，其必须和知识接受的过程相结合，才能使我们更好地对所学知识进行判断、探究和实证。

（二）问题发现

在语文教学过程中，由于学生知识结构、人生阅历的局限，经常会出现一些似懂非懂、完全不懂，甚至与自己理解产生较大差异的地方。这些不确定的甚至未知的东西，我们就可以称之为问题，而发现一个有价值的问题，则是批判性思维的起点。

那么，什么样的问题才能被称为有价值的、值得探讨的问题呢？其标准又是什么呢？一个有价值的问题，首先能激发学生对所学内容的思考研究。对于师生双方而言，问题的发现要有很大的启发性，能扩大我们的视野，提升我们的认知，能引发师生在发现问题的基础上对所学内容产生新的不同的解释。其次，这个值得研究的问题，又可以从多个角度出发，将一个大问题分解成不同局部的小问题，通过解决这些看似不相关的局部小问题，又会自然汇拢，形成一条解决大问题的完整逻辑链，从而促使我们对这些问题进行深入认知和思考。最后强调一点，发现的问题不是预先硬性设计的，而是学生在课前预学、课堂教学、课后复习的过程中，自然而然有感而发的学习感悟和思考，这些问题经过学生自己的认真思考和仔细推敲，是学生思维的结晶。这些问题是合理的、具体的,同时又是聚焦的,在学生力所能及的范围内,发现这些问题是学生真实学习过程的组成。

(三) 质疑假设

质疑是批判性思维的关键,批判性思维对所研究对象和内容不是否定,而是质疑。对于质疑,需要强调以下几点:第一,质疑的契机。不是任何学习内容都需要质疑,也不是任何学习内容都必须质疑。第二,质疑的对象。质疑的触角可以伸向各处,不仅包括对方的观点,也包括自己的。第三,质疑的过程。提出质疑,其实也是构建解决方案的过程,这就是边质疑边解决问题。第四,质疑的态度。质疑者在质疑前后都要秉持客观理性的分析态度,要秉持借鉴融合多方观点的合作态度。第五,质疑的价值。其价值在于质疑者能比较全面理性地认清事物的本质,尽可能还原事物的真相。

任何分析论证都依赖假设,当它们没有被明确表达出来时,便被称为隐含假设。这些隐含假设起着填补分析论证中间的空白、支撑分析论证运行到底的作用。在教学过程中,有许多结论并不是唯一的,甚至有时是经不起推敲的。在不同时代背景下,读者在阐释同一文本时所依据的文化心理、审美标准和阐释策略,都带有时代烙印和个人局限,得出不同的结论在所难免。因此在教学过程中,教师需要引导学生留心这些结论的背后可能存在的不同的逻辑思维,而不同的逻辑思维又会导致不同研究方向的推理,最后形成角度各异的结论,这些结论如果能得到事实依据的支持,自有其存在价值。学生在学习过程中,如果能发现这些问题,从而被激发去搜集佐证信息,并进行一定的分析研究,不断完善自己的研究思路,以寻得解决问题的可能。这样就会将教师的"教"和学生的"学"提升到一个高度,达到教学的增值。

(四) 探究实证

探究实证是在学习过程中就自身所发现的问题进行求证落实的过程。探究实证的关键就是找到相应的事实证据来证明自己的推测假设具有一定的合理性。因此,探究实证的目的不是简单地堆积事实材料去证明某个结论,也不是为了标新立异,推翻既有结论而大量罗列证据,而是要通过这些材料的收集,去分析原有结论可能存在的漏洞和不足,让既有的结论更加饱满充实,更贴近事物的本质。因此,在探究实证的过程中,往往要求师生运用发散性多元思维,就提出的问题从同一学科不同角度或者不同学科不同角度对其进行严谨分析,在这里跨学科学习将会成为一种常态,是探究实证的重要学习方式。

（五）确立观点

确立观点,首先要立足文本、尊重文本,要建立在充分认知文本的基础上。其次,在通过质疑与求证后,能发现并挖掘文本中出现的新问题新思考,为文本后续研读提供一种新的可能。因此,确立观点不在于有多么标新立异,而在于学生对文本的思考和挖掘能达到多深多远。更重要的是,批判性思维教学注重的是学生在对问题做出敏锐思考的同时,还能做出细致合理的分析,给出一系列完整的推理和论证,而不是简单地主观臆断,或毫无依据地提出自己的观点。最后,在学生确立观点的过程中,还要对自己的观点进行再次思辨,思考自己的结论有无错漏和不足,有无其他可替代的更好的结论。

总而言之,批判性思维的教学流程,是学生在课程学习中的一个自我发现、自我佐证、自我反思的过程,这个过程以一种螺旋上升的形态,不断地发展和提升学生的思维品质,从而达到探求真理的目的。

第四章 高中文言文提倡批判性思维教学的价值意义

高中语文教材(部编版)中的文言文,是经过语文教育界专家反复斟酌、层层筛选的中国古代文学中的经典作品。这些文学作品不仅包含了丰富的古汉语知识,还承载着古人的旨趣情思以及中华文化优良传统。研习这些文言文作品,对系统构建学生的语文知识体系、落实语文核心素养、理解和认同中华民族文化至关重要。为了更好地学习这些古代文学作品,领会作品中的要义,将批判性思维融入到高中文言文教学中,有着重要的现实意义。

一、更新文言文教学理念

由于文言文的语言样式特殊,学生阅读和理解古代文言文作品困难较大,疏通字音词义成为了文言文课堂教学的基本样式,教师狠抓字词解释、文段翻译,学生落实背诵、笔记。在这种文言文教与学的观念影响下,文言文文本原本不可分割的"言"和"文"两个维度被肢解为两个相对孤立的模块,学生将教师所讲授的实词、虚词、词性活用、固定句式、特殊句式等文言文基础知识作为静态的学习材料反复存储记忆。这样的机械教学,既无法与文言文文本发生交互性实质性关联,也很难形成基于文言文文本教学的个人审美体验。

高中文言文批判性思维的教学理念则与之不同,它强调学生在教师的引导与帮助下有意识地对文言文文本展开思辨性对话,从而逐步积累起清晰明确的自我学习经验。比如,较之于简单的字词翻译,对文言文本的理解分析要求更高,学生除了掌握字词句的含义,还要在此基础上,进一步挖掘隐藏在文言文字词背后的文化内涵与价值诉求。在这种情况下,"言"作为一种形式表征,其价值不止于正音正字、解释翻译,更在于其是对文章内容细节直接呈现的载体。对"言"的辨析、比较、选择与解释,往往是去除附着于"文"之上遮蔽的第一步,致力于使学生阅读文言文文本的表层化体验理性化,由此切入,从而针对"文"展开深入的批判性思维教学。

因此,高中文言文批判性思维教学的建构是在充分理解掌握文言文知识的背景下,统筹兼顾"言"和"文"两者的关系,期待通过批判性思维的教学渗透,在两者之间架构起一座共促的桥梁,从而实现"言"和"文"两个维度的统一。

二、丰富文言文教学内容

通过初中阶段文言文学习经验的积累,对于高中文言文的日常学习,学生并没有表现出明显的陌生感。但是互联网对已有知识的即时传播,为学生提供了便利的学习环境,在这样的环境下,学生对高中文言文的学习往往是速成化、碎片化,甚至是格式化的,这就造成学生对高中文言文作品的学习缺乏深度和厚度,对作家作品的认识也是简单而模糊化的。而师生之间也似乎达成了一种默契,只要按照已知的事实性教学内容,将作家的思想情感和作品的主旨照本宣科传达下去,一堂文言文教学课就算完成了。学生对这类文言文课堂教学的评价,感觉既像一堂历史课,又像在上政治课,最后成为了"四不像"。

批判性思维教学则为高中文言文教学提供了一条新的思路。教师要从所掌握的知识框架中跳脱出来,打破对已有结论的无条件接受,尽可能将文本中可能存在矛盾的、有着丰富可思辨的细节或逻辑缺陷等要素挖掘出来,从而有意识地在基于文本、指向文本的分析中做出理性判断。在教学过程中,教师可以通过质疑、假设、推测、实证等一系列过程,将之前的理性判断归整为合适的教学内容,重新安排,有机组织,以多种方式来引导学生探究文本要旨。比如,通过对不同时期不同作家或同一时期不同作家的相关文本进行关联性阅读教学,通过不同时期的文学史料对相关问题的互相佐证分析,通过持不同观点的学习群体之间对相关文本的多元化探讨等,让文言文的教学内容和形式变得更为鲜活丰富,文言文课堂教学变得多姿多彩。

三、改造文言文教与学的思路

不同于文言文传统教学中的知识性传授,高中文言文批判性思维教学更需要学生运用批判性思维的技能与策略,深入文本进行信息收集、观点识别、假设推断、分析评估、意义澄清等学习来达成自我认知。基于这一系列的任务活动,师生双方对于高中文言文的教与学的思路势必会重新建构。教师要有意识地培养学生掌握批判性思维的基本原理和方法,主动将其运用到学生文言文学习环节中。比如,学生在文本细读中能否发现并提出问题,对文本写作逻辑能否做出合理分析,对作者的观点及教师的见解能否表达不同声音,在论证观点时能否有意识地主动筛选收集有效证据,以及能否正确合理建构自身观点等。

教师在教学过程中,要尊重学生个体,努力培养学生批判性思维学习的习惯,要设身处地换位思考,从学生真实的学习感受出发,要与学生就相关文言文作品中的思辨内容共同研习,对所要面临的学习问题进行反复假设与探讨,客观分析评估,从而在师生间形成一种互动互助的良好教学氛围。

四、透析传统文化的精华

王荣生、黄厚江等诸多教师将文言文文本的构成概括为文言、文章、文学、文化一体四面的立体结构。在这个结构中,往往蕴含着一些内容丰富、形式多样的可供思辨的传统文化因子,尤其是古人的思维方式与志趣。对此方面的教学研究,不仅可以增进对作家独特的人生观、历史观和价值观的理解,还可以进一步剖析出文言文作品在特定历史时期的社会文化语境和文化心理,使隐含在作品中的作者思维方式及价值准则的内在心理结构与宏观具体的外在历史语境获得本质性联通,从而成为文言文一体四面结构中最具有思辨价值的内容。

但目前大多数师生只从当代文化观念的角度来解读古代文言文作品,如果师生用当代社会的普世价值观来看待古人的思维方式与旨趣,就会造成对传统文化的窄读和误读,甚至还会有错读的可能。批判性思维教学是针对这一现象进行纠正的必要过程,让文言文作品的学习回归到应有的正确轨道,对文言文作品中的价值有着正确的认知,对其精华糟粕合理地取舍扬弃,就有可能实现一种理性的价值重估和正确的文化重构。

第五章　高中文言文批判性思维教学构想

文言文有别于现代文的文本样式,由于受时代发展、语言演变、文化变迁等因素影响,个体对文言文的理解、分析和阐述会产生不同程度的分歧。而想要揭开文言文的面纱,求得合理的解释,就必须边分析边质疑,边批判边求证,边总结边反思。为了将批判性思维的理论方法与高中文言文教学实践相结合,更好地促进高中文言文教学,需要一套适合的教学建构。以下,从教学过程的四个环节:教学目标、教学内容、教学方法和教学评价入手,来具体谈谈有关的教学设想。

一、教学目标的建构

教学目标是教学活动的出发点,也是最终归宿。教学目标的建构,是在新课标的指导下,尊重教材教参,重视教师教学实际,从学生学习的实际需求入手,彼此之间有机组合,从而形成的一个完整的教学追求。基于以上方面的考虑,如何建构高中文言文批判性思维教学目标呢?可将其概括为,在教学全过程中紧紧围绕发展提升学生批判性思维能力这一主线,在依托学生文言文言语经验的教学基础上,形成对传统文化内涵的辩证理解,进而达到知识和思维层面上的一体化提升和培养。这样的目标建构,是一个统一、立体的建构过程,彼此间相互渗透共促,循序渐进。为了达成这样的目标体系的架构,要重点围绕以下两个方面实现转变。

（一）文言文知识的学习与运用

学生获取的文言文言语经验有很大一部分来源于日常文言文课堂的学习和积累。目前大多数教学目标的设定,主要聚焦于掌握基本的文言文语法词法知识,这是学生读懂文言文的基本技能要求,是达成文言文学习的基础性教学目标,是大多数教师关注的重点。因此,在这样的教学目标引导下,字词讲解、文章翻译成为了绝大多数语文教师课堂教学的常态。对此,本无可厚非,但如果简单地将此作为单一的教学目标,就会无形中窄化学生学习文言文的规格,浅化学生学习文言文的思维,文言文教学就会在这样的教学目标设定中乏善可陈。

在高中文言文批判性思维教学中,教师要将学习文言文的主动权交还给学生,积极引导学生以独立学习的姿态去获取文言文言语经验。在打破以往的识记、背诵的简单教学目标设定的同时,要立足于当时具体的语境,通过对字词义、文本细节的反复推敲,做出合理的分析判断,质疑反思,去获取真实、多元、丰厚的文言文言语经验,从而进一步领会作者在文本中所传达的思想情感。为此不妨从以下几个角度来思考教学目标的设定：学生在落实文言文字词含义时,是否存在着不确定性；学生对文言文文意的解释翻译与作者原有的逻辑表述是否接洽；学生总结得出的结论与作品本身所阐述的观点间是否有缝隙；学生个体原生阅读体验与教师文本解读的教学经验间是否有隔阂,等等。

此外,还须特别强调一点,对于文言文言语经验的学习,《普通高中语文课程标准(2017 年版 2020 年修订)》中明确写道:"引导学生在真实的语言运用情境中,通过自主的语言实践活动,积累言语经验。"如果教师能借助文言文文本所建构的虚拟的"真实场景",就可以有意识地引导学生通过批判性思维,从文言文文本的言语表征中读出言外之意,在达成理解与形成结论的基础上生成个体原生的文言文言语经验，实现文言文学习的本质提升。

（二）传统文化的辩证思考

新课标将"文化传承与理解"确定为四大语文核心素养之一，课程目标中明确指出要"传承中华文化，通过学习运用祖国语言文字，体会中华文化的博大精深、源远流长，体会中华文化的核心思想理念和人文精神，增强文化自信，理解、认同、热爱中华文化，继承、弘扬中华优秀传统文化和革命文化"。高中文言文教学目标设定不能只是简单地将古人创制沿袭的典章制度、天文地理知识以及民俗民风等文化内容分解固化成一块块知识条目介绍给学生，然后分门别类要求学生记录背诵，其背后真正有价值的教学内容却被减省忽略。

事实上，文言文作品中的词句、文意往往晦涩难懂，思想内涵博大精深，加之时代语境的变迁和文化价值观念快速更新迭代，许多传统文化的内涵和精髓难以被当代学生发现、理解和接受。而这些传统文化的内涵需要在澄清概念、对比分析、假设推断中不断翻炒发酵，需要在师生反复推敲、研究佐证的基础上去挖掘，才能真正达到学习文言文文本精髓的目的。因此，高中文言文批判性思维教学不是简单的背诵，也不是纯粹的形式逻辑的演练，古人的思维方式、思想情感、理想志趣、价值观念等才是批判性思维教学开展的核心内容。

如果借助批判性思维来质询作品"如何表述""为何这样表述"以及"有无其他表述的可能"等一系列值得探究和思考的问题，并进而引发对隐藏在文言文作品内在肌理中的传统文化和思想观念的辩证理解与扬弃，那么，高中文言文教学就会焕发出教学的生命力。不妨从以下几个文化层面来建构教学目标，比如，双方思想情感表达中的逻辑接洽，如《答司马谏议书》；形象塑造背后隐喻的史观诉求，如《廉颇蔺相如列传》；命运结局中折射出的时代特质，如《李将军列传》；探寻真相过程中秉持的研究精神，如《石钟山记》；文史疏离造成的认知碰撞，如《烛之武退秦师》，等等。

由于教学目标的确立直接关系教学内容的确定，高中文言文作品对传统文化因子的质疑、辨析、评价与重估,既保证了学生能在真正主动思辨的行为下进一步反思作者的逻辑与意图、探究作者的思想观念对写作活动的影响,同时保证了学生继承传统文化内容的合理与方式的理性,从而能有效地将既有的思辨成果纳入到自身文化人格的建构中。

二、教学内容的建构

教学内容的建构,直接决定了教学的成效。教师对教学内容建构的过程,就是对文言文文本中的精华进行价值提炼与浓缩的教学思维过程。在批判性思维教学过程中,教师除了要认真研究具体的教学内容,还要进一步思考这些教学内容应该以何种方式呈现在教学整体推进过程中,成为引导学生进行批判性思维活动的直接对象或辅助支撑。这就对教师提出了更高的要求,除了要在教学内容深度、广度、厚度上做足文章,还要善于发现并挖掘出文本中那些具备思辨特征的内容。这是一个更为精细化的思维过程,是一个从宏观到细节、从肯定到否定、从接受到质疑的反复思考过程。这些值得思辨的内容会激发学生的学习兴趣,并将其内化为主动的学习过程。在这样的教学环境中,一些具有批判性思维的教学内容成为了学生建构自身言语经验、发展批判性思维能力、辩证理解传统文化的立足点。

那么,如何选择并建构带有批判性思维特质的文言文教学内容呢?不妨从以下几个方面去尝试。

(一)从词语内涵入手

所谓词语内涵,是指探究蕴含一定思辨空间的文言文字词或短语。学生如果仅仅把分析词语内涵当成静态的文言文知识,花费大量的时间精力进行识记,而不是将其作为真正的语言学习对象去进行主动地、有意识地质疑与思考,往往会影响到对文本内容的深度感知。其实有些字词或短语看似微小,却承载着文学、文化层面的隐性因子,极具文学文化内涵。

比如，在分析蔺相如这一人物形象时，就蔺相如与赵王初次见面时的一处对话为例，赵王在被蔺相如的分析说服之后，随即决定选派人员出使秦国，以化解赵国的外交军事危机，于是王曰："谁可使者？"相如曰："王必无人，臣愿奉璧往使。"关于"必"字的解释，许多学生脱口而出译为"一定"，但其实译为"如果"更为合理。蔺相如此时的身份只是一位门客，寄人篱下，人微言轻，在赵王和众大臣的面前，怎可一出场就表现出一种咄咄逼人的自信和强势？如果此处解释为"一定"，众多大臣颜面何存？而译为"如果"，一方面可体现出蔺相如机敏灵活的大局观，一方面将选择外交人员的主动权交还赵王，只有在万不得已的情况下，蔺相如可以作为备选项出使完成任务。君臣间有礼有节的对话，正是蔺相如不卑不亢和谨慎周全的处事作风的细腻体现，作者通过这一"必"将其展现得淋漓尽致。

在建构《六国论》教学内容时，课后学习提示中的一段文字引发了学生的思考：《六国论》是一篇史论，阐发观点，逻辑严密，有着雄辩的力量和充沛的气势。那么，文中充沛的气势从何而来？我们可以通过何种途径去感受这种气势呢？不妨从这段文字入手："秦以攻取之外，小则获邑，大则得城。较秦之所得，与战胜而得者，其实百倍；诸侯之所亡，与战败而亡者，其实亦百倍。则秦之所大欲，诸侯之所大患，固不在战矣。"如果将这段文字中加点的虚词隐去，会带来怎样的阅读体验呢？学生会清晰发现，从虚词运用的角度来分析文章的文气，往往是我们所忽视的重要环节。这些虚词虽然缺乏明确的概念，但在文言文文本的话语层却以停顿、转折、冗延等方式，带来了文章气势的跌宕起伏。同时，借助这些虚词的使用，还可以呈现出作者论述观点时的写作思路。因此，通过对这些虚词用法的分析，学生会对文本内容有进一步的深入理解；也为学生留下了思辨的空间：作者此番斩钉截铁的阐述真的能站得住脚吗？

（二）从文体规制入手

所谓文体规制，是指文言文作品在确定了文体特征之后，理应严格遵循约定的写作格式,选择恰当的表达方式和路径。但在教学过程中,往往会出现两种截然不同的情况。

一是作者本人有意打破原有文体规制,表面上看似遵循文体格式的要求,实则按照自己的真实写作意图打破常规写法。我们不妨将《兰亭集序》与《伶官传序》的文章结构做一番对比,就会发现《伶官传序》作为一篇书序,本应按照以下顺序来推进,如介绍写作缘由、写作内容和阐明写作本文的意图,但欧阳修却偏偏用:"呜呼!盛衰之理,虽曰天命,岂非人事哉!"①这一议论性的话语作为开头,这与书序写作格式不相符合,由此便可引导学生思考,为何作者要以这样的方式开头,难道作者不懂得书序的基本体例吗?作者采用这种打破常规的写法,其真实的写作意图是什么呢?

二是由于教师对古文文体规制不重视、不了解,甚至在教学中将其忽视,这就会造成在阐释文本过程中,教师文本分析的经验与文本规制要求之间的脱离,教师会用作品鉴赏评价的主观经验取代作者实际通过某种文体规制所寄寓的隐秘心理活动或情感倾向,从而造成对作品的误读。如李密的《陈情表》,作为一篇表奏,它是臣下对皇帝上书,言说事情并请求批准的特殊文体。许多教师将题目中的"情"字解释为感情,于是在教学中一味强调作者的"孝情",而忽略了其不能赴任的"实情",就会将作者的情感过分拔高,从而以偏概全,不能真正理解作者拒官的真实目的,更无从真正解释作者心中的无奈感慨之实情!事实上,李密在《陈情表》中通过千方百计陈述实情,更多地向我们展示了他身上与众不同的一面,那就是在"时不我与"的局势面前,既能守持自己不愿与新政合作的节操,又能保全自己在强权面前的"中庸"之路。据此,我们可以发现,如果不重视文言文写作的文体规制,不明白作者为何要采用这样的文体规制去完成写作,我们对作者的写作意图和价值追求的理解有可能产生巨大的隔阂。

---

① 普通高中教科书·语文选择性必修(中册)[M].北京:人民教育出版社,2023:95.

将文体规制纳入高中文言文批判性思维教学内容中,是对目前语文教学中淡漠乃至忽视文体的现象进行一定的纠正,教师要有意识地从文体出发进行文本分析,逐句阐释,整体把握,最后解析这种隐藏在文体架构中的内涵。

(三) 从文史互证入手

所谓文史互证,是指从文学性角度分析文言文作品的同时,还要兼顾这类作品自身所具备的史学性属性。部编版教材中,选录了一批带有史传性质的文学作品,对于史传类文学作品,历史提供了一段真实的素材,而文学则在此基础上进行艺术创作,折射历史。虽然文学与历史各自反映了一定的时代内容,但在虚构与真实之间,在创造和传承之间,仍须做出综合考量和整体评价。教师指导教学,既要有文学艺术上的欣赏,又要做出基于历史事实的客观评价,使作品焕发出真正的生命力。

比如《烛之武退秦师》一文让我们认识了一位大智大勇的爱国英雄——烛之武。语文课堂教学中,要以文学作品的意识形态去解读作品,这一点无可厚非。但同时又不能回避它是一篇史传文,出自史家之手,必定受到史家观念的约束。因此在分析烛之武的形象时,又会在史观影响下,生发出不同的解释。仔细审读文章后,便会发现烛之武在斡旋外交危机时,处处以"利"诱之,是他给了秦穆公实实在在的利益,是他让秦穆公不得不重新思考大国之间的联盟一旦危及自身利益时,是否还有存续的意义。烛之武的角色充其量只能算作一位游走于大国之间的士人,与爱国英雄的形象相去甚远。另外,教材学习提示中也明确写到,《左传》作为一部"经书","礼"这一儒家核心思想贯穿始终。因此,烛之武的以"利"为先导的行为准则,明显与《左传》所透露的核心思想"礼"背道而驰。烛之武的形象其实并非如我们所读到的那么光鲜和伟大,反而可能是作者所要批判的对象。由此我们得知,要准确解读史传类文学作品,需要兼顾文史两种属性,偏废其一,都可能造成误读错读。

(四) 从文本逻辑入手

所谓文本逻辑,是指文学创作不是纯粹借由严密的推理与演绎进行的思维活动,而是在一定创作动机的激发下历经素材收集、艺术发现、构思创作等过程,最终将作者的一系列思维活动外化为文本的写作过程。

不同的文本类型,有其特定的写作表达路径,如果能洞悉其中的规律,了解其中的写作规则,那么我们就可以对文本逻辑做出适切的评价分析。为此可将教材中的文言文作品粗分为两大类:论述类,诸如《六国论》《过秦论》《师说》等,是作者对论证过程整体进行组织构造的内容选择与形式运用;叙述类,诸如《登泰山记》《赤壁赋》《项脊轩志》等,则是作者基于某种具体的情境,对于整体叙述话语的表述进行选择、安排、调整、推进的结构思路,及其与作者思想、情感、心理、写作动因等文本深层因素的有机联结。

董毓对论述类的文本逻辑提出了以下一系列概念,包括"论证的主题,论点和背景,论证的目的,论证的立场,论证的事实根据,论证的语言和概念,论证的假定,论证的解释和推理,论证的含义和后果"[①]。在论述类文本中,其文本逻辑正是由这些要素相互勾连而形成的思维链条,教师要有意识地以文本细节作为抓手,从上述角度去梳理和省察文本的整体逻辑,并在教学中将其转化为需要学生自主分析和论证的连贯性序列化问题。如:作者提出的观点是什么?作者选用了哪些证据去证明自己的观点?这些论据是否得到证实,是否可靠?假设使用这些论据,它们能充分证明作者的观点吗?作者所采用的论证方法是怎样的?这些论证方法的使用是否妥当?作者在进行论述时有无前提预设,有无偷换概念或转移论题的嫌疑?作者论证的最终结果又是什么,隐含着作者怎样的实际写作目的?

比如在设定《六国论》的教学内容时,如果能抓住作者所举论据

---

① 董毓.批判性思维原理和方法:走向新的认知和实践[M].北京:高等教育出版社,2010:42-45.

并不能充分证明论点这一事实,就能清晰发现论点和论据之间不匹配,甚至作者在举例论证时,还对部分历史进行了"篡改",从而削弱了论证的力量,比如作者所述"诸侯之所亡与战败而亡者,其实亦百倍",就与事实相悖。难道作者不知道这一点吗?那么他为何要这样写作呢?其真实意图是什么?这些问题承前启后,自然带动学生做进一步的思考。

而对于叙述类文本,则首先要考虑其叙述的语境,作者是在何种背景下完成作品的?在叙述过程中,为何要选择一些特定的人、事、景作为重点写作对象,有无其他选择的可能?作者在叙述的过程中又是如何来布置和安排这些内容的?为何有些内容要详写(略写),为何有些内容要先写(后写)?这样的叙述结构可否调整?文本中有哪些细节可以证明现有叙述逻辑推进的可行性?依据现有的叙述逻辑推进,作者最终要表达什么?能否真正揭示作者的心理状态和情感诉求?我们对这样的叙述结构又有何评价和思考?有无更好的叙述结构或写作逻辑?对此又会做出怎样的评价与认识?

比如在《项脊轩志》的教学过程中,大多数教师都会聚焦于作者议论性文字删除前后给我们在分析和把握作者情感上带来的不同影响(项脊生曰:"蜀清守丹穴,利甲天下,……人知之者,其谓与坎井之蛙何异?")。其实,在完成这部分教学任务活动之后,还可以继续追问,这段议论性文字可否调整安排到文末,作为总结性的文字来收束全文呢?这样既可以保证文本表达的流畅统一,还可以借此总结全文,深化主旨。那么,这样的结构调整是否合适呢?事实上,本文的写作经历了两个阶段,成文于不同的人生时期:一是人生的青春昂扬的阶段;一是人生的低潮期,作者屡试不第。作者在构思时,基本上按照人生的时间轴来安排写作内容。作者的叙述逻辑,自有其考量,或许是出于对自己人生境遇的不同感悟,而有意构建了一个完整详实的话语情境,让读者置身其中。正如大多数师生的阅读感受那样,这段议论性的文字看似突兀,却恰到好处地显示了作品行文的脉络;看似多余,却是归有光青年时代的心声,与他此后的心态相比较而存在,相映衬而成趣。

综上所述,我们会发现不同的文本类型自有其不同的文本逻辑,但不论是针对论述类文本还是叙述类文本,教师都应当将对文本逻辑的分析、论证、假设、推断、评价作为引导学生进行批判性思维学习的重点教学内容。

(五) 从文本要旨入手

所谓文本要旨,就是指作者在一篇文言文中,究竟要表达什么样的志趣,阐述一个什么样的道理,有着怎样的真实意图。而这些要旨往往隐藏在表层的叙述之中,是作者未言明却真正要传达的信息。王荣生老师认为"文言文所传达的中国古代仁人贤士的情意与思想,即'所言志,所载道'是中国传统文化的直接体现"[1],故文本要旨也是文言文文本中传统文化内涵的直接映射。

教师对文言文文本要旨进行教学内容的建构,是将之前的阅读体验与思维成果进行系统化与具体化的过程。在这一过程中,通过对文言文字词的辨析、文本细节的探究和文本逻辑的推导,而后再经过比较与分析、识别与判断、假设与证明、借鉴与重构等一系列高阶思维活动,从而生成真正指向文言文文本价值内核的具体结论。

那么,哪些内容可以纳入文言文文本要旨这一教学范畴呢?比如,作者在文中表达的那些思想情感,真的是作者要表达的吗?结合作者的现实处境以及当时的时代背景,你认为作者最有可能要表达什么?作者的思想观点是否存在瑕疵,比如有一定的历史局限性?如果按照我们当下的价值观来看,你能试着分析和评价这种局限性吗?作为当代青年学子,你从这些文言文作品中获得怎样的启示与反思?我们又该用怎样的眼光与视野去面对?后三处教学内容的定位与思考,对于今天的学生来说尤其重要,它其实要求学生不仅能发

---

[1] 王荣生.文言文教学教什么[M].上海:华东师范大学出版社,2014:6.

现问题，还要在"传统与现代"的不同语境下，在"传承与创新"的变化秩序中，思维不断地碰撞，使自己在不断的质疑、反思的思辨活动中对传统文化的内涵做出中肯的辨析与评价。这一过程对于学生求真、公正、反思的批判性思维的养成以及多元思辨能力的提升有不可替代的作用。

在执教《六国论》时，有学生曾对本文的写作目的提出质疑，最终争议聚焦在本文究竟是一篇史论文还是政论文上。学生之间产生了严重的分歧，甚至有部分同学借此否定了《六国论》的价值，六国的历史只是作者写作的外壳，所用论据与历史事实不符，苏洵只是借《六国论》来批判北宋当时存在的现实问题，针砭时弊的写作目的彰显无疑。但我们又不得不接受一个现实，历朝历代的文学家、史学家、评论家难道就没有发现这个问题吗？即使它不是一篇严格意义上的史论文，为什么他们还会一如既往地推崇此文，甚至不惜溢美之词，给予高度评价呢？这背后又反映了什么？其实，苏洵在构思《六国论》时，不惜用了许多"曲笔"，他巧妙地对历史进行了"改造"，将作者真实的写作意图隐藏在这段历史的背后，这个隐藏在文本背后的"理"才是文章的灵魂，那就是一位有着良知的知识分子身上所带有的一种赤诚的爱国之情。

因此，文言文批判性思维教学真正重要的关注点还应当落在引导学生建构文本要旨的过程中，质疑、辨析、评价和反思文本要旨中所折射的传统文化，引导学生运用批判性思维，理性审视古人的旨趣和情怀、抱负和追求，从而为学生文化品格的养成提供有益的滋养。

（六）从多文本教学入手

所谓多文本阅读，指的是为了将高中文言文文本的学习还原到具体的历史情境中，有针对性地建构起的一整套较为完整的系统性文本阅读体系，为学生从阐释、分析、质疑到实证、建构等一系列思维活动提供多元有力的论据支撑，并以此为基础达到对文本要义的真正理解和理性判断。

第五章 高中文言文批判性思维教学构想

多文本的选择确定主要从两个类型着手：史料文本和关联性文本，在教学中主要以"母题"或"主题"的方式进行群文阅读的教学。史料文本是从历史本身出发，还原和补充历史事实，为学生的批判性思维学习提供客观性支撑材料。关联性文本则着眼于文学本体以及为学生比较、辨析和澄清等具体的思辨行为开辟综合性、关联性的阅读空间，其重要性不亚于相关史料文本。两类文本的组合搭配，使得原本的文言文单篇学习，自然构成一个有序列、有组织、有目的的单元学习。由于有大量的相关性文本支撑，教师对教学过程中所发生事件的前因后果和人物关系的来龙去脉，就更加游刃有余，能极大地满足学生的学习需求。

比如在执教《六国论》过程中，可以同时将其他几位作家的《六国论》放在一起做对比赏析。苏轼从人才储备和使用的角度来分析六国败亡的原因；苏辙从"不知天下之势"入手，分析了六国决策者目光短浅，因而自食恶果，相继灭亡；李桢则认为六国之亡，就亡在他们力量弱小而又欲为秦所为，而要想免于灭亡，只有行仁义。三人从不同的角度，紧紧结合现实，各自阐述了对六国破灭的不同看法，较之于苏洵所提出的观点，他们的分析更有现实意义和针对性。在执教《鸿门宴》时，除了补充班固的《汉书》之外，还可将一些史学研究专著引入教学中，如翦伯赞的《史料与史学》，李长之的《司马迁的人格与风格》，周予同的《中国历史文选》等。在教师引导下，学生通过对这一系列专家学者经验成果的研读，能深刻体会司马迁不是在死板地记述历史，《史记》更是一部生动的批判的历史。学生从中也能进一步获得启发，班固虽借鉴了司马迁写史的方法，但《汉书》所取立场旨在忠君，重在维护封建正统，这与司马迁带有批判性眼光写史的价值观有着天壤之别。因此，如果想要通过《史记》和《汉书》的对照阅读，将鸿门宴中形形色色的人物作比较分析，这本身就是对《鸿门宴》一文的错解。

多文本的对照教学不仅为学生提供了一种起到辅助和支撑作用

的教学资源,还使得高中文言文批判性思维教学在堆叠与构造、单一与多面、固守与想象、现实与历史的多文本碰撞交融当中,真正指向对文言文文本主干与内核的学习。

三、教学方法的建构

教学方法是为实现教学目标、完成教学活动任务而采取的教与学相互作用的活动方式的总称。教学方法的适时选用在高中文言文批判性思维教学的实际开展过程中非常重要,它直接关系教师能否在恰当时机下及时唤醒学生的批判性思维意识。从目前的教学实践来看,主要还是沿用了几种常规的教学方法:讲授法、提问法、讨论法和点评法,但今天这些方法须融入批判性思维的元素并加以改造完善。这四种方法策略各不相同,适用于不同的教学场景,应有针对性地进行选择取舍,从而使得批判性思维教学效果最大化。

具体而言,在教学过程中,教师应当思考:在不同教学生成阶段,采用的教学方法如何才能更好地完成批判性思维教学目标和教学内容;教学方法该如何逐层推进教学各环节中的逻辑衔接;教学方法的择机选用又是如何综合考虑学生实际学情的;不同类型的教学方法又应当如何被合理整合与运用等。总之,这些教学方法的使用要以有利于批判性思维课堂教学的生成和发展为目的。

(一) 讲授法教学

讲授法是教学过程中教师最常用的一种方法,教师可以充分发挥自身学科知识储备,给予学生较为系统的知识传授,使之形成完善的知识体系。由于高中文言文学习需要学生具备相当程度上的文言文知识和能力素养,比如对文言文字词的解释、句子的翻译、内容的理解、作者思想的评析等。事实上,对于高中生而言,达成这些目标具有一定的难度。因此,在文言文课堂教学环节中,教师会将讲授法作为突破文言文教学的主要教学手段,通过教师的专业细致的讲解,将文言文文义的疏通、讲解、分析作为主要的教学内容,因此文言文课堂教学经常出现教师"一言堂"的局面,学生边听边记,老师讲授什么,学生就记录什么,这样的课堂讲授就自动屏蔽了批判性思维,成为纯粹的文言文基础知识的学习。而高中文言文批判性思维教学,对讲授法则提出了更高的要求。

第一,要立足于更高思维层级的教学内容引导。对于文言文知识点的讲授,完全可以将主动权交还给学生,让学生在预学和课后复习阶段自习自研,自我学习,教师加强学习指导。教师在批判性思维教学课堂上采用讲授法应更多关注将讲授内容转化为学生对一系列批判性问题或主题的讨论,为此教师应致力于为学生的批判性思维活动以及教学过程的整体推进提供助力的知识内容讲授。第二,要善于运用启发性的讲授指向问题的分析解决。学生在回答问题的过程中,往往会出现思考的空白处或思维的离散点,这就需要教师将分散在教学内容中的带有思辨因素的内容概括整合,并有机穿插在批判性问题的分析与讨论的环节中,起到促进生成批判性思维的引导作用。第三,要将"一言堂"的知识灌输转变为多元对话后的思维凝练与提升。教师如果采用讲授法来实施课堂教学,切莫只将文言文知识的灌输当作讲授的重点,而是要让学生学会对文言文字词解释做出符合文本语境的合理性取舍,对文本逻辑的推导进行梳理探究,对文本主旨和作者情感从不同层面进行多元剖析。第四,教师要对文言文文本背后隐藏的丰富内涵进行一定程度的阐述与总结,要将课堂教学中产生的思辨因子进行二次深度加工,再借助明确的问题或主题在学生内在心理话语建构的基础之上将其转化为具体的思辨空间,从而使学生在教师讲授的过程中,获得丰富的知识并提升认知。

(二)提问法教学

问题通常指对一种现象、思想、行为的未知或不解,也可以是对一种观点认知的争论或不同意见等。学生在文言文学习过程中,由于时代格局和文化背景的疏离,自然就会有问题产生,这些问题一般都是学生潜意识中对文本内容学习的回应,是学生自发学习意识的体现。而批判性思维的学习过程就是解决一系列复杂问题的过程，在这个过程中提出问题是思维的起点，之后的探究和实证也都是围绕问题展开，最终形成一套完善的解决问题的路径。

提问法教学，不仅仅局限于课堂教学实施过程中及时生成的问题，还要针对学生预学或复习过程中产生的疑惑。这些问题由于产生于不同的学习阶段，也就指向不同的教学目的，教师须依据问题产生的实际情况，采取不同的提问法教学实施策略。比如基于原生认知基础的理解性提问法教学，基于文本推进过程的逻辑性提问法教学，基于文本主旨深化的评价性提问法教学。尽管这些提问法教学类型不同，目的也不尽一致，但都要围绕着"解决问题"这一核心展开。特别要强调，对一个问题的分析其实是对形成这个问题的各个要素进行全面思考，包括可能性因素、利弊性因素、差异性因素、补充性因素、多元化因素等，这样才能不断地在"问与答"的过程中，通过假设、求证、推导、替换、补充、调整，寻找最合理的解释。

批判性思维意识的唤醒有赖于对文言文文本各构成因素的质疑与反思，因此在对文言文文本质疑中提出有质量的好问题，是引导学生做出进一步思考的先决条件。董毓指出："好问题是指有内容和深度的问题，它可以激起思考、研究，并可能或者推进认识，以得到新的发现。"[1]好问题的"好"应当体现在三个方面：开放性、有效性和层次性。开放性在于通过一个问题能激活学生的思维空间，打开学生的思维边界，对所学文言文相关内容做出不同角度的发散性思考，最终又能聚焦达成问题的解决。有效性着眼于问题本身，既要尊重学生在学习过程中所发现的值得深入探究的问题，又要考虑教师在备课过程中通过对文本的理解、分析、假设、推断、求证和评价等一连串教学活动后，归纳整理出的有关教学推进的序列化问题。在紧扣文本、明确要点、抓住关键的前提下，将师生双方的问题进行梳理融通，从

---

[1] 董毓.批判性思维二元问题分析法初论[J].工业和信息化教育，2018(5)：31.

而让学生在教学活动中深入文言文文本的研习。而层次性着眼于问题梯度的构成。教师在运用提问法时,一方面要考虑高中文言文批判性思维教学内容的逻辑构成,由文言文文本的话语层入手,深入形象层和意蕴层;也要考虑学生思维活动与认知过程的逻辑性,提出一连串按认知发展先后顺序排列的问题和促进学生认知发展解释、验证、支持和重新回答的问题。好的问题、好的起点、好的认知和提问法教学是高中文言文批判性思维教学中的重要方法。

(三) 讨论法教学

讨论法指的是围绕一个主题或话题,教师以班级或小组为单位自由分组,要求小组成员通过讨论或辩论的方式,获得知识的一种教学方法。讨论法是一种较为开放民主的方法,在尊重双方意见的前提下,学生在讨论或辩论中自由平等地交换意见,调整自身的思维,从而可以多方面获取知识。讨论法是一种向外呈辐射状的对话结构,采用讨论法教学可以让更多的学生参与话题讨论,更多的思辨因素会在师生与文言文文本之间的对话中充分地碰撞,使师生对于文本思辨性认识不断拓宽加深,使教学更加理性而深入。

文言文批判性思维教学中,对于讨论法教学的使用,也有着自己的要求:不是所有问题都值得讨论,不是所有问题都需要随时讨论,问题讨论也不需要一定给出个明确结论。基于以上思考,讨论法教学首先要立足于问题的设计,这是关键。其次,讨论的时机选择与掌控非常重要,不是课堂教学一开始就开展全员讨论,也不是教学过程中就一个感兴趣的话题开始随机讨论。讨论法教学的实施往往需要踩准问题讨论的关键点,常规教学中主要是针对教学内容中的重点难点,而在批判性思维教学中还指能给学生在课堂学习中带来思维跃迁的那个最佳时机,是学生思维发展从低阶转向高阶的契机,是与教师正在逐步推进的那个教学环节深入结合的最佳匹配时机。教师要很好地利用这个关键点,做到牵一发而动全身,在提出明确的教学目标、给出清晰的讨论主题的背景下,引导学生积极展开讨论,及时发现并弥补自己思维活动中的缺陷与不足,从而带动学生就文言文文本的学习进行合理性、有效性、可行性的思考,使自己能兼顾思维成果的调整与思维过程的检视反省,使其批判性思维的技能运用与理智美德获得综合提升。补充一点,教师在文言文批判性思维教学过程中运用讨论法时,要注意及时提供相关史料和其他关联文本作为讨论的补充与支撑材料,使得讨论能向纵深方向发展。

(四) 点评法教学

顾名思义,点评法主要是指教师针对学生学习成果和研习结论进行及时评价的一种教学方法。点评法教学一般成型于学生讨论或辩论之后的总结环节,可以是对一个阶段学习成果的总结,也可以是对一个完整学习过程的点评。在这一环节中,教师所给予的必要专业指导与点评,往往能促成学生对自己的所学成果进行总结和反思。点评法教学既要关注学生具体思维成果的有效性与合理性,也要关注学生思维活动本身的理据性与逻辑性。

尤其是对于高中文言文批判性思维教学,要在点评中有意识地帮助学生立足当代立场去审视和反思过去,在将古人和今人的文学观、人生观、价值观进行比对时,还要考虑将不同历史时期下的语境特点与当代社会时代发展间具有普世意义的文化元素加以提炼,并进而从文言文词句的表达、文本细节的刻画、文本逻辑的呈现等客观事实上有理有据地进行质疑和反思,做出真正兼具历史理性与人文关怀的合理评价。

除了教师点评之外,学生也可以就自己或同伴的学习成果进行自评与互评。尤其是自我点评,它是进行批判性思维教学的有效方法,它能有效促进学生的自我反思。在回顾学习过程中,运用第一人称的视角,在自我点评中将得失利弊、优势短板回顾改进,最终指向作为思辨结点的文本要旨总结。

四、教学评价的建构

教学评价从根本上而言是一种价值判断活动。评价的目的是为了促进教师对教学的反思,改进提升教学质量,更好地为学生发展服务。因此,教学评价除了关注教师教学活动,更要关注学生的成长和发展。尤其要关注学生个体差异,发掘学生潜能,培养学生学习能力,突出学生思维力。

批判性思维教学评价的建构,一方面要针对教师的教学评价,努力将教师的批判性思维运用纳入教学评价的考核之中,在尊重教师的个性特点、学术发展和思想自由的基础上,构建开放多元、兼容并包的教师生长环境。另一方面还要针对学生的学习评价,从学生思维发展的角度出发,合理规划,有针对性地设置评价学生批判性思维能力发展的各项指标,并在教学中有计划、有目标、有梯度地渗透批判性思维培养所需的元素,从而循序渐进地引导和推进学生在文言文批判性思维教学中的学习。

在进行批判性思维教学评价时,还要注意不能忽视语文的学科特点,只有将两者融合兼顾,才能做出综合而全面的分析。从目前实际情况分析,对一堂带有批判性思维教学因子的语文课,往往以贴标签的方式硬性将批判性思维培养的各项评价指标粘贴在文言文教学中,这样的做法只会将文言文批判性思维的教学效应降格,甚至会导致文言文批判性思维教学在今后的实施过程中流于形式化,不利于教师和学生批判性思维能力的养成和提升。因此,建立具有一定规范化和实操性的高中文言文批判性思维教学评价标准势在必行。

(一) 文言文批判性思维教学评价改进策略

通常情况下,教学评价一般可分为诊断性评价、形成性评价、总结性评价等。在传统文言文教学中,我们更关注基于文言文基础知识与学习成果的总结性评价,主要评价方式就是通过一系列的考试测验来达成评价的目的。但在文言文批判性思维教学中,"批判性"作为核心要旨,重在促进学生思维能力的发展,与传统意义上的知识传授有着显著不同。因此,文言文批判性思维教学的评价机制应与聚焦零碎知识点记忆、掌握烦琐文言学习技能的传统测评有很大区别。

1. 评价方式的综合化——关注从总结性到过程性的转变

新课标指出:"语文课程评价要综合发挥检查、诊断、反馈、激励、甄别、选拔等功能,不宜片面强调评价的甄别和选拔功能。"新课标从功能上界定了基于核心素养的评价标准,其总体是从关注学生的内在学习品质而非外在学习成果的角度来进行建构的。因此语文评价的核心,就是要评价学生的内在学习品质;故对于文言文批判性思维教学而言,就是要评价学生对文言文的思辨品质。

思辨的品质如何评价呢?我们可以从过程性角度具体展开评价。学生批判性思维的发展发生在一系列主动、积极的思维活动过程中,因此我们可以聚焦学生思维活动的整个过程,进行综合评价。近年来,有学者提出将"表现性评价理论"运用在文言文批判性思维教学的评价机制中,不啻为一种创新。王小明认为,表现性评价是对内在能力或倾向的行为表现进行评价,它不局限于对提出信息、形成概念、概括以及问题解决等认知能力的评价,也关注评价非认知的结果,如自我定向、合作和社会知觉等[①]。总体来说,评价从总结性转向过程性,是学界认可的共同原则。而这一原则之所以能够被广泛认同,既是新课标的推动作用,更是尊重学生思维活动发展规律的必然体现。

当然,评价方式注重过程性,并非意味着只能以过程性作为评价的标准。如同新课标所言:"应根据实际需要,整合诊断性评价、形成性评价、终结性评价等多种评价方式。"评价方式的复杂性,正是批判性思维教学复杂性的体现。

2. 评价内容的交叉化——注重"文言文能力"与"逻辑思辨性"的双轴互动

对于文言文与思辨性相结合的批判性思维教学而言,评价内容

---

① 王小明.表现性评价:一种高级学习的评价方法[J].全球教育展望,2003,32(11):47-51.

应与传统意义上的文言文知识习得教学有着较大区别。总体来看，对于文言文批判性思维教学的评价内容，主要在"文言文能力"与"逻辑思辨性"的双轴中展开。

从"文言文能力"一轴，主要关注"基于文言文基础知识的迁移能力""基于文本理解的思考广度"与"基于文化意义的思考深度"三方面。文言文批判性思维教学的根在文言文，因此评价学生对文言文基础知识的迁移理解能力，是文言文整体能力的基础。其次，评价还会进一步关注学生对文言文思考的广度，如能否进行拓展性思考、多元化理解，能否通过比较甚至通过跨学科学习等方法对自己在学习中的质疑与假设进行求证，等等。最后，评价还要关注学生能否围绕文言文背后的文化意义进行深入思考。比如，学生能否在理解文章情感主旨的基础上进一步体会作者的写作心态、探究文本产生的原因，并产生共情，表达自己对文化意义的理解，等等。

在"逻辑思辨性"一轴中，则重点关注批判性思维能力行为要素和评价指标，作为评价的依据。具体如下表（表2）：

表2　批判性思维能力行为要素和评价指标

行为要素	评价指标
识别查证	相关的写作背景
	关键的概念信息
	主要的观点立场
	证据的来源出处
分析判断	界定概念内涵准确性
	区分内涵相关分歧性
	检查关联信息可靠性
	找出结论假设可行性

续 表

行为要素	评价指标
质疑假设	是否能发现作者的观点存在不确定性
	是否能发现证明观点的过程存在逻辑漏洞
	是否能就观点查证相关事实论据的可靠性
	是否能查验在阐述观点时不当的前提预设
	是否能排除个人及时代背景对观点的影响
推理求证	是否能判断作者得出的结论是以错误或存疑假设为前提的可能
	是否能根据相关不同来源的信息推导出可能与现有结论存在不同的结论
	是否能找出推理过程中存在的逻辑错误而导致结论正确与否的怀疑
	是否能提供较为详实的论证过程和论据中的细节去证明相关结论的可能
综合判断	避免自身带有的偏见局限对得出结论的影响
	依据具体的语境,来判断事件的起因、经过和结果之间逻辑关系是否成立
	层层深入思考问题的根源和理由的基础,判断给出结论的合理性
	寻求更多的佐证信息,以还原一个全面客观的整体判断
	能否就文本信息使用准确有效地阐述自己独到的观点,并反思自己观点中可能会存在的思维优缺点

批判性思维的评价自有其标准,不能将其简单照搬,直接套用在语文教学内容的评价中,而应该在明确批判性思维各维度的基础上,将语文学科所要落实的学科素养与其进行相应的对照勾连,最大程度上求得双方在教学过程中彼此融合对接的可能。因此,对于文言文批判性思维教学的内容的评价,应与批判性思维的整个学习过程紧密联系,当学科目标、思维过程、综合评价具有一致性时,才能更好地发挥评价的真正作用。

3. 评价主体的多元化——要积极构建多方参与的教学评价格局

高中文言文批判性思维的教学评价，应当注重学生与学生之间、学生与教师之间、教师与教师之间的交流学习和相互作用，在实际的教学环境中重视所有评价参与人的意见和建议，共同合作，构建多方参与的文言文批判性思维教学评价格局，让各方在教与学的互动中贡献自己的智慧。

教师要对自己所确定的文言文批判性思维的教学目标、教学方法、教学内容和教学效果进行评价，根据课堂教学反馈及时做出调整，以便后续更好地开展教学工作。教师也要虚心接受其他教师的评价，将自我评价与其他教师的评价反馈结合起来，从专业发展上提出建设性意见，更好地促进自身的文言文教学水平。而学生对自我进行评价，可以采用自评和互评的方式，一方面学生可以依据自身的学习实际及时且有针对性地进行总结反思，一方面还可以让学生之间进行互评，要让不同思维层级的学生通过相互之间的适度评价，来带动彼此的学习互动，扩大学习效应的辐射面，使学生在互评中找到彼此间的差距，更能清楚地了解自身的学习定位，以便及时调整学习状态和学习方法。

(二) 高中文言文批判性思维教学评价

1. 对教师文言文批判性思维教学环节评价

(1) 教学问题评价

批判性思维教学的起点就在于提出问题。提出问题不是教师一人包办，我们对其做出评价，也不只是为了测量教师在备课中专业素养的高低。提出问题需要教师更多地关注学生在学习过程中出现的疑惑，在分析文本中碰到的障碍。提出问题是一个自然而然的学习过程，不仅是教师学习，也是学生学习的过程。因此，教师不能只关注自己对教材的钻研，假想出教学过程可能会出现的问题；而应立足于教学实际，在课前预学过程中，启发学生思考并提出有质量的问题，并尽可能地收集学生所提出的问题，为批判性思维教学提供最佳的教学角度。

　　对教学问题的运用不能完全在课前预先设定,将已经准备好的问题按照所谓的教学进程,依次罗列排序。教学问题的运用要遵循课堂进展的规律,要在教学推进过程中,充分展示教师对教学过程通盘考虑的整体规划能力,这直观体现在教师掌控课堂教学的能力上。当一个个问题即时提出后,教师运筹帷幄,能将一个个看似独立的问题串珠成线,引导学生积极思考、充分讨论,在解答问题的同时,通过教师在思维上的引导、设计,使得学生的思维就像踏在不断上升的台阶上,环环相扣,由浅入深,不断突破,最终获得思维的跃迁提升和属于自己的学习愉悦。

　　因此,针对问题的提出与运用这一教学环节,我们可以给出以下评价指标:对提出问题的丰富性、启发性、目标性的层级评价;对问题运用的即时性、有效性、梯度性、推进性的发展评价。

　　(2) 教学内容评价

　　文言文批判性思维教学在明确教学目标、厘清教学问题之后,接下来就是教学内容的筛选确定。与传统文言文教学最大的不同之处在于,批判性思维教学要凸显出批判性思维这一特点,所以带有批判性思维教学内容的选择是一个重要的评价标准。那么什么样的教学内容适合应用批判性思维教学而被采纳呢?一是教学内容的选择是否与问题指向相切合,尤其是教学中的核心问题一旦确定后,教学内容就必须紧紧围绕其来选择,这样才能使文言文文本发挥真正的作用;二是考虑教学内容与学生思维发展之间的相关度,教学内容既不能挖得太深,而使学生失去研究的兴趣,也不能太过于散乱,发散性太强,不利于学生对问题的把握;三是要考虑教学内容的多样性,包括对文言文字词、文本体裁、时代背景、作者品性等诸多方面的思考,要选取那些有利于学生激活思维、开阔视野的教学内容。虽然每位教师在选择教学内容时都有自己的独特理解和看法,很难对教学内容的选择做统一的规定,但在批判性思维教学这根指挥棒下,我们可以做到相对统一,从而确定以下评价标准指标:聚焦性、匹配性、反思性以及独创性。

(3) 教学过程评价

文言文批判性课堂教学,不但要求教师要有明确的教学目标和清晰的教学思路,还要有围绕问题展开思辨、分散难点、突破重点的能力。在课堂教学的过程中既凸显学生的主体地位,关注学生的个体差异,为学生尽可能提供自主学习的时间和空间,唤醒他们独特的情感体验,更要启发学生积极思考,培养学生分析问题时所应具备的批判性思维能力,尊重学生的学习成果,并适时予以鼓励和表扬。概言之,教师的教学过程,不再局限于书本知识的传授,而是培养学生独立思考、发现问题、敢于质疑、获取信息、解决问题等一系列核心素质的过程。因此,对教师教学过程的评价要注意从以下评价指标入手:清晰性、关注性、互动性、包容性、鼓励性。

(4) 教学方法评价

传统的文言文教学中,教师采取的教学方法和策略比较单一,主要是通过教师讲授、小组讨论来分析和讲授文言文知识。但文言文批判性思维教学不同,主要围绕教学中的一个核心问题对所学的相关内容进行质疑、分析、假设、推断、求证来表达自己的观点。在这样的教学样态中,纯粹依靠教师讲授肯定是不够的,教师要在课堂上进行点拨、激趣与思辨等方式来引导教学。有时为了得出一个可靠的结论,还需要运用比较阅读的方法,将多文本进行联系分析,求同存异。甚至还要进行跨学科教学,运用不同学科的知识和思维方式,对文言文文本做不同学科角度的解读。因此,教师的教学方法和教学策略要多措并举,灵活运用。在这样的教学样态中,涉及不同教学阶段,采用不同的教学方法,运用不同的学科技能。为此,我们在这一环节中设置了以下几处评价指标:方法的多样性、角度的多元化、策略的适切性、操作的灵活性等,这些评价指标可以很好地提醒教师要因时因人采取恰当的教学方法,有效推进课堂教学。

(5) 教学效果评价

对教学效果的评价,首先要关注课堂上教学实践的即时生成效果。从文言文批判性思维教学角度看,它要求教师尽可能多地将课堂教学空间和时间留给学生,让学生真正成为课堂的主人,让学生在对某个问题探讨与激辩的过程中,能学会自己发现问题、分析问题、解决问题,对自己的观点进行必要的调整和修正;教师要用自己的教学智慧从中加以引导点拨,使得文言文课堂教学成为真正的生成性课堂教学,教学效果呈现螺旋形上升的发展态势。此外,对教学效果的评价,还要关注课后教师是否能持续保持批判性思维教学的热情和参与度,让学生主动将所学到的批判性思维方法运用到课余的学习生活中。因此,我们可将课堂与课后的教学效果结合在一起加以考虑,可从课堂教学的生成度、学生参与的主动性、师生多方思维碰撞的活跃度乃至课后教师指导批判性思维学用的延续性等方面予以重点关注。

2. 对学生文言文批判性思维学习过程评价

为了更好地了解学生在文言批判性思维教学活动中的学习情况,我们主要通过课堂上的观察和课后的阅读写作两大板块对学生进行观察和反馈。课堂上主要从学生的阅读积累、思维发展、知识运用、互助合作四个方面进行观察。而课后反馈,则主要关注学生是否有意识地将所学到的批判性思维的技能运用到阅读写作中,并且保持着极高的热情和参与度。

(1) 阅读积累

要完成文言文批判性思维学习,首要条件就是对学生日常的阅读积累提出高要求。学生可以轻易提出自己在学习上的问题,但是这个问题要有质量,这要建立在学生通过大量的阅读积累提升自己认知的基础上,否则学生很难在认知、比较和分析中发现自己的知识缺陷和思维漏洞。尤其文言文篇目,它不仅是独立的一篇文本,还涉及大量的历史文献和各种学术论说,因此,在文言文批判性思维教学过程中,我们可以针对学生阅读积累的情况进行评价,具体体现在这几个方面:首先是学生阅读积累的主动性,其次是学生阅读积累的连续性,再次是学生在阅读积累上的广度和深度,最后还要看学生在课堂上是否愿意主动与别的同学交流分享自己阅读积累上的收获。

(2) 思维发展

美国科学家加里·R.卡比和杰弗里·R.古德帕斯特合著的《思维——批判性和创造性思维的跨学科研究》一书中指出:"当学生在课堂上情绪消极、缺乏激情的时候,他们的思维处于抑制状态,学习效率会大大降低。"对学生思维发展状态的评价,不仅要关注学生思考的内容和角度,还要了解学生思考的方法和过程,不同的学生个体对于同一个问题的认知存在差异,而这种差异正体现了学生思维能力发展层级的高下之分。新课标强调,在高中语文课堂教学中,学生要通过语言的运用,获得直觉思维、形象思维、逻辑思维、辩证思维和创造思维,使思维的深刻性、灵活性、批判性等品质得到提升。因此,批判性思维教学过程中,除了关注教师的启发引导之外,还要关注学生是否主动激活自己的思维,积极参与学习,在学习过程中是否有意识注重自身严密的逻辑思维能力的训练,从低阶思维向高阶思维迈进。因此,我们要对学生独具慧眼的质疑力、善于发现问题的敏感力以及独特而有个性的思维创造力进行重点评价,期待学生在学习过程中,能让自己的思维发展呈现一种螺旋形上升的良好态势。

(3) 知识运用

文言文学习非常注重文言文基础知识的积累,教师往往通过一次考试检查学生掌握运用文言文知识的熟练程度,这种浅薄的评价标准显然是对文言文学习最大的伤害。那么,我们该如何正确评价学生在文言文批判性思维学习中对文言文知识的运用呢?比如对学生辨析力的评价,面对一篇含义丰富的文言文时,如何更好地贴近文本内涵选用最合适的文言文字词含义解释;对学生阐释力的评价,站在不同的文化历史背景下,学生如何对文言文文本做出多元化解读;

对学生反思力的评价,学生运用现有的知识对作者的观点做出阐述时,思维上有无缺陷和漏洞。在文言文批判性思维学习中,尤其看重学生将静态知识的掌握变成动态知识的运用,学生要结合自身的知识容量和思维发展层级,主动去解决一些力所能及的,甚至超越自己思维范畴的值得思考和辩驳的学习问题。

(4) 互助合作

文言文批判性思维课堂教学主要是依靠师生之间和生生之间思想观点交锋碰撞而达成的。在这个过程中,我们主要看教师和学生是否能够围绕所提出问题进行思辨,表达不同见解,并互相分享探讨,最终达成共识。因此,对文言文批判性思维课堂教学,首先要看教师的水平,能否自觉创设一个开放的课堂。其次,还要看学生是否发挥能动性,主动对文言文文本进行细读鉴赏,比较分析、发现问题、分享成果。最后,还要从课堂生成的契合度加以审视。批判性思维的课堂教学是自然而轻松、民主而和谐的,是教师、学生、文本三者间自由开放的对话,更多的是学生之间、学生和文本之间的对话,学生要能够充分认识到自己在课堂上的主体地位,多发言、多交流,这是我们对文言文批判性思维课堂教学评价关注的重点。

3. 高中文言文批判性思维教学评价表的设计

为了更加全面而立体、直观而显性地对高中文言文批判性思维教学做出评价,应从以下四个维度来设计评价量表:教师自评、师师互评、生生互评、学生自评。

教师自评侧重于教师自己从备课、上课以及课后三个环节,自觉运用批判性思维要素进行文言文教学的准备、实施和总结的全过程评测;师师互评,教师在听课观课的过程中,观察授课教师的语文专业素养,实时对授课教师在课堂上对批判性思维要素的运用过程做出具体的分析;学生是批判性思维教学的直接对象,是批判性思维学习的主体,生生互评要求学生在互助学习、论点激辩、经验交流中发现彼此的亮点,从而能在多方之间达成一种认知共识和思维共通;学生自评,尤其强调通过成长记录手册的方式来实施,对自己的学习情况及时做出反馈,包括学习困惑、学习感悟、学习反思等,是自身在学习过程中做出的一次自我成长的见证,是学生批判性思维培养发展的一种真实记录。

(1) 教师自评表设计

一堂课成功与否,重在对教学过程和教学效果的评价,但其中也隐含着对教师教学理念、教学思想和教学价值观的评价。有别于一般文言文课堂教学,教师在设计文言文批判性思维课堂教学过程中,还需要注意哪些方面能更好地体现教师的批判性思维素养,不妨将其简要梳理,给出以下评价指标(表3),便于教师在实施批判性思维教学中加以参考。

表3 教师自评表

过　　程	反　思　提　示	自我评价
教学设计	对学生目前学段的学情、思维发展等情况的分析是否清晰全面?	
	教学设计是否能很好兼顾语文学科特点和批判性思维要素?	
	在教学推进的各个阶段,有无考虑设计学生进行思辨的时间与空间的关键节点?	
	在设计过程中,如何借助教学内容的逐步推进来达成学生思维的生成、发展和提升?	
教学实施	文言文批判性思维教学活动进行是否达成教学预期?	
	实施教学的过程中是否做到因学定教,以培养学生思维素养为目标?	
	是否重点关注学生独立思考、发现问题、敢于质疑等一系列提升思维能力的目标训练?	
	教学过程中遇到哪些批判性思维教学的瓶颈,是如何克服的?	

于无疑处生疑

续 表

过 程	反 思 提 示	自我评价
教学效果	教学预设的共性与个性思辨目标是否达到,对自己的教学是否满意?	
	教学中是否有超出预期的收获,它们是什么?	
	教学中印象最深刻的学生表现有哪些?	
备注		

(2) 学生自评表设计

学生自评表(表 4)从"表现-效果-反思"三个维度展开学生自评。本表的设计初衷更多地是在完成一次教学任务的过程中,学生能够借此观察自我并及时反思自己在文言文批判性思维学习中的基本情况。

表 4　学生自评表

评价项目	评 价 内 容	评价等级
学习表现	学习习惯自评	
	预学任务完成	
	提出有效问题	
	检查思维错漏	
	思维导图绘制	
	多元化的观点	
	讨论参与程度	
	课后习得体会	
学习效果	梳理作者写作思路	
	主动提升问题意识	

续 表

评价项目	评价内容	评价等级
学习效果	多角度辩证看待问题	
	思辨分析作者观点	
	积极分享自我观点	
	评估自己思维优缺点	
学习反思		

备注：A—很满意；B—较满意；C——般；D—不满意；E—很不满意

此外，我们也可以使用"学习成长记录册"（表5）进行日记式的记录，使得学生的自我评价有一定的阶段性和延续性，而不同阶段的学习成果记录还能形成比对，为学生建构一个较为完整的评价体系。

表5 学习成长记录

课前学情分析	优势： 短板：
课堂学习分析	1. 本节课中，我对自己最满意的是： 2. 本节课，有没有我依然没有解决的疑惑？
课后同伴反馈	1. 同伴点评： 2. 老师建议：
我的反思总结	

（3）生生互评表设计

从文言文批判性思维教学的客观构成分析，生生评价更加贴近学生的学习实际。同时，我们还需要注意两个方面：一是基于学生个体学习，一是基于学生间的合作学习。尤其是要将个体学习表现纳入团队互助合作学习中，只有将两者紧密结合，才能看到批判性思维教学效应可能达到的最大值。因此,我们还设计了小组合作学习中的生生互评表(表6)。

表6 生生互评表

小组合作学习	是否认真倾听?	积极主动3分,较主动2分,被动1分
	是否参与讨论?	全程认真倾听3分,选择性倾听2分,无参与0分
	在小组中是否主动承担责任?	参与3次及以上3分,参与1—2次2分,不参与0分
	是否主动质疑他人观点并表达?	质疑并表达3分,质疑1分,无质疑0分
	是否从小组研讨中获得启发并表达?	获得启发并表达3分,获得启发1分,无启发0分
全班共同学习	是否代表小组发言?	代表小组发言2次及以上3分,代表小组发言1—2次1分,无发言0分
	是否质疑其他小组观点并表达?	质疑并表达3分,质疑1分,无质疑0分
	是否从其他组的发言中获得启发并表达?	获得启发并表达3分,获得启发1分,无启发0分
	是否能将各小组观点进行捏合,提出个人总结性陈述?	能及时总结3分,一般性归纳1分,无总结0分

同时,我们可以在课堂教学结束前的几分钟内,开展一项"我是组内MVP(最佳选手)"的活动,让每个学习小组推举一位公认表现最佳的学生。本活动不仅能够对表现优异的学生起到激励作用,也能作为榜样,带动更多学生参与其中,这也将对文言文批判性思维教学起到助推作用。

(4)教师互评表设计

在教师互评表(表7)的设计中,我们将评价指标归总为四类核心指标:思想的深刻性、思维的逻辑性、思考的关联性、过程的精晰性。通过教师之间的互相学习和借鉴,可以进一步明确并落实教师在教学过程中对批判性思维的理解与运用。具体如下(表7):

表7 教师互评表

核心指标	评 价 内 容
思想的深刻性	能准确而系统地分析文本并挖掘具有思辨因子的教学内容; 能捕捉到文本或学生发言中的关键信息,并展开思辨分析; 能从不同的语境分析文本丰富内涵,把握作者思想情感; 能从多元角度审视作品文化现象,并提出建设性意见和想法
思维的逻辑性	具备一定的批判质疑精神,启发学生思考; 善于思考、善于发问、善于有序引导教学进程; 能对教学问题提出假设,并进行周密的推导; 能有理有据地阐述观点,观点的表达严谨有效
思考的关联性	能主动从多角度分析问题,体现思考的广度; 能有意识地从多学科分析问题,体现思考的深度; 能自觉从低阶思维向高阶思维转变,体现思考的厚度; 能在尊重、包容的立场上理性思考歧见,形成自己的教学判断
过程的精晰性	能清晰梳理文本思路,揣摩作者写作思路; 能准确把握作者或对方的意图,进行对话交流; 能敏锐洞察语言环境与交流对象的语言特点,自觉判断其达成的有效程度

除了借助以上量表进行过程性的观察考核,最后我们还应要求学生完成一份感兴趣的课题研究,通过读书报告、项目总结、课题论文等形式做一次总结性学习成果汇总。学生要完成这份作业,就要将平时学习中收获的批判性思维知识技能转化为对课题写作的规划、构思、论述。无论是文献阅读、资料收集、调查分析、假设推断还是到最后的总结陈述,在形成这份研究成果的过程中,学生不仅能锻炼自己的综合分析能力、批判反思能力和创新实践能力,还能充分体验写作中师生间、生生间合作探讨的乐趣,感受到彼此分享观点时思

想碰撞的过程,由此获得批判性思维学习的成就感。这一写作过程对培养学生的批判性思维素养也是大有裨益的。

教学评价是一个多元复杂的系统,涉及方方面面的评价要素,注重于用一些数据指标去量化语文教学,而语文学科作为一门人文学科,注重人的感性认识和个人的主观立场思考。尤其是文言文批判性思维教学,因其关注学生在学习过程中的思维生成发展,用一个静态固化的指标去衡量这个不断变化的动态过程,就显得顾此失彼、捉襟见肘。因此,近年来对于批判性思维教学的研究得到大量关注,但从评价体系着手深入研究的案例却很少。在这样的背景下,我们只能回归语文教学的本质,从教学的客观实际出发,重点关注学生思维品质的培养。

为此,我们可将评价融入学生具体完成的文言文教学任务情境与活动的每个阶段中,重点关注文言文学习成果的转化与运用。在这一过程中,既可以考察学生文言文知识和技能的掌握程度,又可以关注学生在分析解读文言文文本过程中的思维发展,强调突出师生间生生间思想观点的碰撞,让学生对所学内容充分思考、提出质疑、分析评估、假设论证,直至得出最终结论。这个结论不一定是尽善尽美的,但却是学生内心最真实的想法,而我们的评价目的就是要真实地反馈学生的阅读与思考状况,鼓励和带动学生进行文言文批判性思维学习。通过这样的方式,教师也能更加清晰地意识到批判性思维教学对于文言文教学的重要性,从而促进教师更好地衡量文言文批判性思维的教学价值,更清晰更有目标地推动文言文批判性思维教学的长远发展。

教学实践

倾听理性的声音
——透视中国古代士大夫的勇气与责任

阅读导引

《答司马谏议书》一文收录在《普通高中教科书·语文必修（下册）》第八单元，本单元的主题是"倾听理性的声音"，要求我们透过文字，分析背后的理性。作为一封回信（司马光《与王介甫书》），面对司马光信中提出的两个变法忠告：第一，不要用心太过；第二，不要自信太厚。假设你就是王安石，会做何感想？面对司马光在信中指出的变法过程中出现的具体问题，你又会做出怎样的回应？不妨带着你的假设与预判，一起来阅读本文，在王安石的回信中你能否读出那份"理性的声音"？

字斟句酌

某启：昨日蒙教，窃以为与君实游处相好之日久，而议事每不合，所操之术多异故也。[王安石直截了当指出他和司马光在政治主张和方法上有不同见解，那么在整封回信中，王安石到底有没有就事论事，围绕"术"来展开讨论呢？你可以带着这个问题阅读全文，并给出自己的看法。]虽欲强聒，终必不蒙见察，故略上报，不复一一自辨。重念蒙君实视遇厚，于反覆不宜卤莽，故今具道所以，冀君实或见恕也。

盖儒者所争，尤在于名实，名实已明，而天下之理得矣。今君实所以见教者，以为侵官、生事、征利、拒谏，以致天下怨谤也。某则以

于无疑处生疑

谓受命于人主,议法度而修之于朝廷,以授之于有司,不为侵官;<u>举先王之政</u>[此处的"举先王之政"和下一句的"为天下理财"两句话中,王安石一再扛出"先王"和"天下"两面大旗,借此来回击司马光的"生事"和"征利"之说,你认为这样的辩驳有说服力吗?],以兴利除弊,不为生事;为天下理财,不为征利;辟邪说,难壬人,不为拒谏。至于怨诽之多,则固前知其如此也。

人习于苟且非一日,士大夫多以不恤国事、同俗自媚于众为善,<u>上乃欲变此</u>[本段中作者再次强调变法是当今"人主"想要实施的,其中暗含了"人主支持变法"这一潜台词,王安石是在理性地回答司马光的质疑吗?],而某不量敌之众寡,欲出力<u>助上以抗之</u>[变法本是王安石为了实现自己的政治理想和追求,可他却说变法是"助上"所为,你不觉得这样的说辞反而会让人对王安石变法的动机产生怀疑吗?],则众何为而不汹汹然?盘庚之迁,胥怨者民也,非特朝廷士大夫而已;盘庚不为怨者故改其度,度义而后动,是而不见可悔故也。如君实责我以在位久,未能助上大有为,以膏泽斯民,则某知罪矣;如曰今日当一切不事事,守前所为而已,则非某之所敢知。

<u>无由会晤,不任区区向往之至!</u>①[如果将王安石的《答司马谏议书》与司马光的《与王介甫书》进行对读,你认为在"变法"一事的观点交锋中,王安石和司马光谁更理性呢?]

教学现场

本单元的单元导语中有关单元核心任务及学习目标是这样表述的:本单元学习围绕"倾听理性的声音"这一核心任务展开。要注意领会作者观点及其现实针对性,把握其解决问题的理性思维方式,鉴赏文章的说理艺术,学会在辩证分析与合理推理的基础上进行理性判断,养成大胆质疑、缜密推理的批判性思维习惯。从这段文字表述中,我们可以提取出本单元的教学重点有二:一是观点的理解与表达,二是批判性思维的培养。

---

① 普通高中教科书·语文必修(下册)[M].北京:人民教育出版社,2023:146-147.

首先,何为"理性"?"理性"与"感性"相对,从社会学角度而言,理性指能够识别、判断、评估实际理由以及使人的行为符合特定目的等方面的智能。具有理性的人在考虑问题、处理问题时不冲动、不凭感觉进行判断与思考。本单元名为"倾听理性的声音",选文确乎均为作者对国家和社会进行理性观察与思考的产物,作者在表达过程中也表现出足够的理性客观。因此,无论是作者表达的理性观点、作者表达观点时所运用的论证方式,还是作者表达观点背后的理性思考及立身处世的态度,都是值得师生加以研习的对象。

其次,何为"批判性思维"?批判性思维是一种合乎逻辑的有关质疑和推理的方法以及运用这些方法的技能[①],要求我们"在辩证分析与合理推理的基础上进行理性判断",在发现问题或不足时保持客观公正,通过吸收不同的观念来完善、调整结论,进而形成决策判断。基于前人的研究成果与教师的实践探索,可将批判性思维的应用过程以及由此衍生的教学过程归纳为:理解与接受、质疑与实证、调整与完善的循环系统。需要补充的是,批判性思维并非致力于批判,质疑也不是对事物的片面否定,具有批判性思维的人应当能够依据具体、可信的理由来合理提问,而在这种合理质疑、审慎推理的思维过程中无不需要思考主体的理性精神。而要证明自己的质疑是否贴近事实真相,这就需要实证——找到充分的论据、构建清晰有力的逻辑链来探求与证明,从而更加贴近事实真相。基于这些方面的综合考虑,在教学过程中,我们可以引导学生从文学、语言、历史、文化等各个不同的角度进行立体分析,从而获得客观公正的结论,并进而培养学生理性思考与运用批判性思维分析问题的能力。不妨以《答司马谏议书》的教学实践为例,具体呈现批判性思维教学的实施过程及应用价值。

---

① 谢小庆.审辩式思维[M].上海:学林出版社,2016:3-4.

一、理解与接受

批判性思考的起点是对于文本的理解与接受,这就要求师生从文本本身的落实入手,与文本进行充分的对话交流。同样可从单元导语切入,引导学生关注单元的构成,并思考:从《答司马谏议书》这篇书信中,我们能够听到哪些"理性的声音"?

这一主问题涉及两个支问题:一是王安石说了什么,二是其中哪些属于"理性的声音"。

为了回答第一个问题,学生需要对文本内容进行梳理与概括(表8);为了回答第二个问题,学生则需要考虑王安石为什么选择了这些内容来予以回复,以及他是如何表达这些意图的。

表8 文本内容梳理与概括

第一段	阐明回信的原因和目的
第二段	从"名实"角度反驳司马光的指责
第三段	分析变法的背景与价值

通过第一段不难发现,王安石明知自身观点"不蒙见察"却不愿辜负司马光厚遇,从而才写信对二人"议事""不合"处详加回复。第二段对于司马光认为自己"侵官、生事、征利、拒谏"的反驳也因基于厘清"名实"的关系而显得义正词严。第三段更基于不同语境论证了变法的合理性与必然性。在400多字的短文中,"天下"出现3次,"人主""先王"出现6次,这些词语的高频出现无不展示着王安石的决心和底气——变法是授意于人主、效法于前人,改革朝政是为了膏泽斯民、造福天下。

至此,学生得出结论:王安石的理性一方面表现在反驳时抓住问题关键的技巧——以"名实之分"高屋建瓴、言简意赅地捍卫了变法的正义性;另一方面表现在推行变法的理性精神——变法是基于他对于北宋朝政的客观观察、对于先王及人主之政的传承与辅佐,以及他个人不计得失、迎难而上的决心与抱负。

而这,真的是整个事件的全部吗?让我们继续以批判性思维为径,烛照文本背后的秘密。

二、质疑与实证

批判性思考的生长点在于对文本理解的质疑与思考,以及基于广泛阅读与思考的实证。当学生不满足于从《答司马谏议书》的单向维度来把握变法真相时,批判性思维的培养契机就出现了,教师可以借助《与王介甫书》的对照阅读,启发学生从客观公正的立场,来看待双方的"理性"与"非理性"。

学生初读《与王介甫书》时一定是错愕的,两封信件在文字量上就形成了鲜明的差异,而且在诸多方面都产生了极强的矛盾与反差,二人写作思路的差异也成了最有助于培养学生批判性思维的生长点。

如果学生只是单篇阅读《答司马谏议书》时,不免会认为司马光来信的指责也是根据"侵官、生事、征利、拒谏"展开的,而在阅读《与王介甫书》后,学生才发现司马光是从"天下之人恶介甫之甚者,其诋毁无所不至"的现象出发分析"大贤"介甫的两个过失——"用心太过"以及"自信太厚"。其中王安石所反驳的"生事""征利"两词甚至不曾在司马光的原信中直接出现。而这一发现却恰恰可以引导学生关注王安石对于这封信件的读写动态,即他是怎样概括、回应司马光的观点的。

为了明确这一点,必须先梳理《与王介甫书》一文的基本思路及隐藏在文字背后的激烈交锋。

在《与王介甫书》一文中,司马光首先试图以"君子和而不同"的理论前提与"慕之心未始变移"的情感前提化解后文所提建议的锐度,软化王安石的戒心,同时提出王安石今昔受人毁誉之别,并"窃意"王安石受周遭门士蒙骗的局面,隐隐为后文对王安石不善识人的指摘埋下伏线。

第三段终于进入正题,提出王安石如今被诋毁的原因并非"不贤",而在于"用心太过"与"自信太厚"——这便是司马光对于王安石发起变法动机的评判结论。在论述过程中,司马光不仅运用各种论证方法来加强自身论证的说服力,同时在诸多言语中暴露了他的来信姿态——并非与王安石商量如何调整与优化变法,而是几乎全面否定变法的各项措施,甚至暗含对王安石变法动机的贬斥。如:司马光认为王安石坚持变法的原因是出于私利——"思得古人所未尝为者而为之""直欲求非常之功"[①];在变法中犯下的错误并非因为考虑不周,而是"知条例一司已不当置而置之"[②],言下之意讥讽王安石为了自己建立功业而明知故犯;对待他人意见的执行与否取决于是否"与我合",甚至直接指责王安石"自以为我之所见,天下莫能及",将其自高、自大、自负的负面形象刻画得入木三分。

且不论王安石是否确如司马光所言,这些充斥在来信中的主观判断及说教批评的姿态早已注定了这不是一场心平气和的对话,情绪化的语言,带有强烈的个人主观意见,或明或暗,或柔或刚,这样的"非理性"表达,早已是硝烟弥漫,针锋相对。也正因如此,王安石在回信伊始便断言"虽欲强聒,终必不蒙见察"。想必司马光也担心自身情绪过于偏激,言辞过于尖锐,因此表面上以"用心太过""自信太厚"这样的朋友间劝诫的语言加以缓和。但王安石非常敏锐地读出了司马光的话外之音,同时基于司马光在当时政界、文坛的地位,王安石作为变法派的旗手就不得不将司马光的种种"斥责"搬上台面——进行回击。于是便有了第一层行文思路的难以接榫之处(表9)。

---

① 王安石.王荆公文集笺注(中)[M].李之亮,笺注.成都:巴蜀书社,2005:1235.
② 王安石.王荆公文集笺注(中)[M].李之亮,笺注.成都:巴蜀书社,2005:1235.

表9　第一层行文思路的难以接榫之处

	司马光的表达	王安石的理解
用心太过	介甫以为此皆腐儒之常谈,不足为,**思得古人所未尝为者而为之。直欲求非常之功**而忽常人之所知耳。 士大夫不服,农商丧业,故谤议沸腾,怨嗟盈路,迹其本原。	生事
	是知条例一司已不当置而置之,又于其中不次用人。 夫侵官,乱政也。介甫**更以为治术**而称施之。	侵官
	贷息钱,鄙事也,介甫**更以为王政**而力行之; 徭役自古皆从民出,介甫更欲敛民钱雇市佣而使之。	征利
自信太厚	介甫亦当自思所以致其然者,不可专罪天下之人也。 介甫虽大贤,**于周公、孔子则有间矣**,今乃**自以为我之所见,天下莫能及**,人之议论与我合则善之,与我不合则恶之。 明主宽容此,而介甫拒谏乃尔,无乃不足于恕乎?	拒谏

除了行文内容与思路的不匹配,学生不难发现王安石还直接忽略了司马光用孟、老之言攻击变法的不合理,也没有回应司马光用当时的诸多事件暗讽王安石的两大罪状:自视甚高、辜负圣意——"引疾卧家""颇督过之(指司马光的批驳)""至使天子自为手诏以逊谢,又使吕学士再三谕意,然后乃出视事"①;只顾逞口舌之快,不顾天下苍生——"劲奏,乞行取勘""观介甫之意,必欲力战天下之人,与之一决胜负,不复顾义理之是非,生民之忧乐,国家之安危,光窃为介甫不取也"②。那么,王安石的忽略是因为理屈词穷而无法辩驳吗?

首先,我们需要回顾王安石在文中集中回应的内容与方式。王安石无法回避的是司马光将朝野上下的反对声音归咎于变法政策不合理的抨击。因为,倘若真如司马光所言,那就不单单是对于某些具

---

① 王安石.王荆公文集笺注(中)[M].李之亮,笺注.成都: 巴蜀书社,2005: 1235-1236.
② 王安石.王荆公文集笺注(中)[M].李之亮,笺注.成都: 巴蜀书社,2005: 1235-1236.

体政策的协商，而是使变法陷入不得人心、有弊无利的被动局面。而王安石高妙就高妙在他面对司马光天罗地网的回击，除了从"名实之别"切入，轻而易举回击了司马光的种种攻击外，还直击要害，从根本上解构了"天下怨谤"：朝野上下的反驳不是因为法规欠妥，而是因为保守势力随俗媚众、习于苟且。并且基于此厘清自身变法的原因——神宗皇帝要改变这一现状，而我是"助上以抗之"。无形中向对手宣告并强化了王安石和宋神宗共同对抗保守派的阵营关系。不仅剥夺了"天下怨谤"的正义性，还搬出神宗来加以"非正义性"的帽子。

而这也正是王安石回应司马光搬出孟、老思想与当时政事的方式：司马光抨击变法根本上违背孟、老思想，王安石就搬出"先王"与"人主"来巩固变法根基；司马光批评王安石不恤人言，王安石就从根本层面将这些臣子及其言论定位为宋神宗"欲变"的"同俗自媚于众"的"壬人""邪说"，将司马光对自己"力战天下之人，与之一决胜负"的负面评断改写为"某不量敌之众寡，欲出力助上以抗之"的正面表述。同时还在文末将司马光让自己"守前所为"的行为与"膏泽斯民"的理想图景进行对立，置司马光于尴尬境地，实在是滴水不漏。

通过上述两个环节的设计与实行，学生不难发现王安石的回信看似短小，但其实是王安石充分提炼了司马光来信的主干并一一予以回击的一封战书。回顾整个教学过程，学生从单一文本的接受到进一步体验多个文本的互动关系，并在判断的不断生成与优化中更新、完善着自身的观点。

以上环节不过是批判性思维教学过程的开胃小菜，学生在其中体验的"认知-生疑-释疑"的循环过程都是在师生共同研习的过程中酝酿生成的。为了让学生进一步深化对于二人观点的评判，教师可以继续通过活动设计来驱动学生开展资料调查、搜集、质疑与研讨的过程。

三、调整与完善

前文我们反复提及王安石所运用的第一招反驳技巧就是抓住"名实之别"来重掌话语权,二人交锋的根本核心也正是在于对于同一事实的不同评判。而事实上,"'名'作为命题的客词"①,本就是可以任人阐释和改造的,而如何区分事实与观点正是养成批判性思维的非常重要的环节。因此,如何引导学生借助更丰富的资料来贴近时空背景,从而批判性地看待王安石所言"名实之别",并学会辨别"名"对"实"的改造,也是教师应当着力实现的教学目标之一。

教师可采取的方法是:让学生化身小法官,可任选一个"名实"纠纷点,找到二人的相应表述,并进一步搜集依据来判断"实"究竟为何。

以"青苗法"为例:学生能从二人书信中筛选出对应的评价——司马光认为"贷息钱"是"鄙事",更不应该由政府出面借贷,而"介甫更以为王政而力行之",大大引起了士大夫的不屑。王安石则认为这是"为天下理财,不为征利",反讥"士大夫多以不恤国事、同俗自媚于众为善"②。而事实如何呢?"王安石之所以提出该政策是基于地方的可能性与朝政的必然性:地方的可能性在于,百姓历来会以青苗抵押向富户借贷,既然贷款行为客观存在,政府低息借贷自然顺理成章;朝政的必然性在于当时北宋国库空虚、入不敷出,切实需要通过各种政策来改变局面,这也是宋神宗锐意改革的根本原因。"③倘若能通过改变民间借贷的格局,既解百姓燃眉之急,又解政府囊中羞涩,如此一箭双雕之举,何乐而不为呢?更何况王安石曾经在地方上任职,有过颇有成效的实践经验,于是青苗法的推出就成了事实经验,

---

① 冯友兰.中国哲学简史[M].北京:北京大学出版社,2013:105-106.
② 普通高中教科书·语文必修(下册)[M].北京:人民教育出版社,2023:146-147.
③ 易中天.易中天中华史:王安石变法[M].杭州:浙江文艺出版社,2017:46-47.

这就如弦上之箭,不能不发。那这一利民之举又为何会被司马光反对呢?事实上,司马光已经指出"所遣者虽皆选择才俊,然其中亦有轻佻狂躁之人,陵轹州县,骚扰百姓者"①,无论是王安石本身为了推行变法而倾向于启用锐意变革之人从而被"名利熏心"的投机分子钻了空子,还是地方官在经手大笔款项与面对绩效考核时违背初心严苛对待百姓,这些都成为"青苗法"在全国推广时遇到的重重险阻。本来利国利民的变法,走了样,变了味,加重了百姓的负担,青苗法的推行只是由大地主阶级垄断演变成了国家政府垄断的行为。司马光及时发现了问题,看清问题,直面陈述的事实真相,提出了自己的意见。而王安石则认为这些意见是阻碍变法的一种托辞,他当然不愿意看到自己苦心经营的事业被司马光等人"破坏",义正辞严的背后似乎更多展现了王安石的"不理性"。如果,王安石能听听保守派司马光的意见和建议,变法的成效与局面又会如何呢?

通过历史资料的补充与探讨,学生的收获不仅在于接近了真相,更在于逐步深入感知到了变法的艰难,也能更理性、客观地看待两位士大夫在各自视野下力求报国利民的担当。

四、循环与延伸

除了上述三个环节外,教师还可根据实际学情让学生继续体验批判性思维的循环与延伸,现呈现四处在实践过程中收集到的学生问题:

(1)范仲淹庆历变法失败已经是一个最好的例子,此时,王安石再次提出变法。他应该知道变法有多难,却执着于变法是基于怎样的考虑,有必要坚持下去吗?

(2)面对北宋王朝的现实困境,司马光在坚决反对王安石变法

---

① 王安石.王荆公文集笺注(中)[M].李之亮,笺注.成都:巴蜀书社,2005:1235-1236.

的同时,有更好的解决方法吗?如果没有,他为何不支持王安石变法,共同在变革中为宋王朝谋一条发展之路?司马光这样的做法理性吗?

(3)宋神宗面对两派之间的纷争,理应从中斡旋,合理分析,更应取两者之精华去其糟粕,将两位爱国忠臣紧紧捏合在一起为国所用,而不是任其发展成两败俱伤,神宗种种表现理性吗?

(4)熙宁变法分为保守派和变法派,很多时候,我们会给这两派贴上标签,认为保守派就意味着阻碍,变法派就意味着进步,保守派和变法派用这样的方式去区分,合理吗?

纵观这四个问题,虽稍显稚嫩,但不难发现学生在学习过程中认知角度的丰富与认知层级的不断深入,其主要体现在以下五个方面:

(1)贯通古今:学生基于自身历史面的广博,自然地将范仲淹与王安石这两位宋代改革家进行比较,拓宽了思维的广度。教师可进一步追问两者变革的背景与方法的区别,从而让学生关注王安石变法的特殊背景——冗兵、冗员、冗费早已使大宋入不敷出。加之大宋对外采取岁输白银、物资以换得苟且偷安的外交策略,无疑使王朝的财政危机雪上加霜。正是因为洞见到这一局面的危险性,年轻气盛的宋神宗赵顼即位以后,启用王安石进行了一系列大胆而创新的变法,来振兴祖业、解燃眉之急。

(2)大胆质疑:学生不仅通过资料调查发现王安石确实存在"不理性"之处,还结合教材单元的语境生发新的疑问,这种质疑精神是难能可贵的,教师不仅要予以保护,更应进一步引导学生通过分析改革"不合理性"背后的"合理性",从而发现王安石的"不理性"背后存在的大"理性"。

(3)寻找对策:学生的问题是在课堂上自然生成的,在批驳王安石不够"理性"时,他们以大宋困境为前提提出了自己对司马光的评价,而这正应和了批判性思维中"力行担责"的内涵。优质的"批判"

不仅在于发现问题,更在于在纷纭的困境中通过合作找到出路,而司马光的来信也确乎只停留在让王安石停止新法,却未曾正面回应二人都心知肚明的大宋危机。也无怪乎拉不回王安石这位"拗宰相"了。

(4) 切换视角:学生跳出了两位当事人的视角,从宋神宗的角度搜集了他在推行变法后的无奈和艰难——好心办坏事,臣子母上齐齐反对,两派官员动不动就罢官表态,等等。这些发现也确实切中了王安石变法的隐痛——即使有些政策从理性角度来讲是极其精妙的,甚至他也在地方有过成功的实践,但是当从全国层面推广时,对既得利益者的冒犯、对政策实施者名利贪欲的低估、对天灾人祸的无力都不断扭曲着变法的面貌。而宋神宗也未尝不想维持两方的平衡,但也是举步维艰,更何况他最终的目的还是通过变法以集权,这也无怪乎最终失去神宗支持的王安石二次离京、不复出山了。

(5) 评估认知:该层级已然进入了元认知层面,正是由于此前所提供的信息不断颠覆着大家对于变法的认知,因此最终对于以往获得的"保守派阻碍发展"等说法产生了怀疑。一方面,保守派的所作所为虽然确实阻滞了新法的推行,但其动机也未尝不有理性之处,而新法派的作为也确有过激之处,对于宋朝社会民生的侵害也确实存在,反之则依然。另一方面,还有很多难以定义的中间派,例如"被定义的"苏轼,王安石当权时他担心新法推行过激被打为"保守派",司马光上台后他又因主张保留部分有价值的新法与司马光争执不休,甚至戏称司马光为"司马牛"。也许当时像苏轼这样的人并不少,但是在党派斗争如此激烈的时代,想要依循理性保持中立,寻求调和与合作,恐怕只是旁观者一厢情愿罢了。

而这些问题和背后的思维过程,其实都指向了单元导语中的关键词——理性:倾听的理性、辩驳的理性、行动的理性、评价的理性……在梳理这些问题的时候,我们发现,探究问题、分析问题、做出评判的过程本身，需要以理性的态度去思考，认真分析求证，才能真正倾听到那些文字内外的声音。

有一组学生在分享时谈及了他们阅读王安石《本朝百年无事札子》的感受：王安石当时就严厉地指出本朝只求无过不求有功，只求太平不求进取，只求因循不求有为。在王安石看来，任何朝代都不能世守祖宗之法，一定要与时推进，与世迁移，前朝如此，今朝亦如此。也正因如此，他们认为王安石把司马光对"天下怨谤"的指责解释成保守派的因循守旧并非只是为了胜利而巧辩，而是他自身对于大宋危机的真实反思，这也成为了王安石心中的基本准绳，使他两耳不闻反对声，一心只为革顽疾。虽然这确实让王安石错失了很多和同僚合作优化政策的机会，也使得大宋错失了自我治愈的机会。但我们也无法否认，这种"不理性"行为的背后，是王安石对自己政治主张的高度自信，是他对保守派思想实质的深刻洞悉，是他宁肯自己背上骂名也要将改革进行到底的决心与勇气，是他对事理分析论辩要言不烦、揭示实质的能力。高度的自信、深刻的认识、简练的语言无不体现出王安石反驳说理时的刚毅果决的气度。在这一层面上，司马光妄加评论，指责王安石为图名利而变革的判断也是不公允的，而这些"不理性"也恰恰进一步加深了他们的隔阂。

还有学生在学习之后，对自己的学习体会用一句话做了总结："这次第，怎一个'难'字了得！"司马光认为变法不符合现实情况，难以推进，变革过多，王安石等人有"侵官、生事、征利"之嫌；王安石则认为变法推行固然艰难，但方向正确，利国利民，所以态度坚定，毅然前行；宋神宗认为变法是为了国家发展，尽管很难，也要排除干扰，努力推行；而学生（读者）从初步阅读文本，主观判断谁是谁非，进而走向理性思辨，客观认识其中的观点、思想，得出自己的思考，这个过程是需要探究、分析、证明的，也是有难度的。其实，回头想想历朝历代在发展的进程中，有多少变革者为此而付出自己的鲜血和生命？最后真正获得成功的又有多少？正如北宋王安石的变法，最后也以失

于无疑处生疑

败告终,但他为国家富强谋发展求出路而勇于变革和奋发图强的爱国精神,值得学习和传承。

经过上述教学实践后,学生对于文本的内涵和人物身上体现的时代精神有了更为深入的理性认知。我们认为更加可贵的是,学生在自身认知不断被刷新的过程中,意识到任何真相的发现或判断的得出都是需要极度审慎的,而这才是"倾听理性的声音"的意义——倾听是思辨的前提,而思辨才能通向理性。

这两篇文章都通过极其高明的说理表现了各自的理性,充分表达了各自的理念和思考。也许,师生在共研文本的过程中对于二人的理解、质疑与共情就是我们对于他们最好的致敬。以理性之心,听理性之声,续写理性之责任与担当。

教学流程

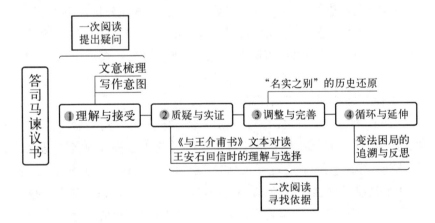

因文制宜

本单元的主题是"倾听理性的声音",要求我们透过文字,分析文字背后的理性。那么,我们该如何在王安石的回信中倾听其中之"理"呢?

我们或许可以从"对话态度""对话过程""对话效果"三个方向展开思考：

一、对话态度

"回信"只是界定了作为体裁的文学性质，并未明确作者在写本文时所秉持的态度。那么作者在回信时所秉持的态度究竟是否理性？或许我们可以将《答司马谏议书》与其前传——《与王介甫书》进行比较阅读，并从两篇文章背后，分析两位大家写作时所秉持的态度是否合乎理性。

二、对话过程

从论辩逻辑来看，如要与对方进行对话，必定要符合基本的逻辑规范。因此我们可以借助逻辑学知识，对文本展开基于逻辑的思辨性研读。也就在这过程中，我们似乎能发现一些疑惑的地方：

（1）王安石反复强调的"人主""天下""助上"等论断，是否犯了将立场诉诸权威的逻辑谬误？

（2）王安石的辩护有没有遵循同一律原则——即有没有在准确理解司马光对其的指责之上展开辩护？

（3）王安石论证过程中的每个环节，是否都符合"论证强度原则"？如有，其理由是否都符合"充足理由原则"？比如"为天下理财，不为征利"这句回答实为论断而非论证，那么将其作为回应，是否有说服力呢？

……

三、对话效果

辩护的效果如何？我们可以从当事人和后世读者两个角度展开分析，从最终的效果维度评价对话是否理性。

于无疑处生疑

思维导览

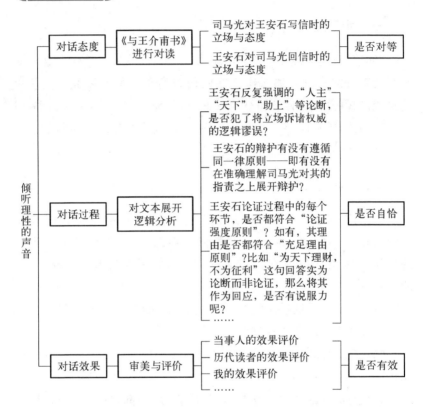

文体之辩：史论还是政论？

——《六国论》文体评议背后的思考

阅读导引

"论"作为论说文中的一种体裁，要求有明确的论点、可信的论据与严密的论证。"论"要求善于析理，析理愈透、愈精，就愈能体现这一体裁的特点。但有学生提出质疑，本文并非一篇优秀的史论文，全文观点和论据都存在漏洞，从而论证力度也大打折扣，苏洵所讲之理根本就"立不直"。更有学生认为，这篇文章根本就不是一篇史论文，倒更像是一篇政论文，从文末的总结陈词中，不难发现，本文更侧重于对北宋当时的现实问题针砭时弊而作。面对学生的种种质疑，基于"论"这一文体特征，我们可以采取怎样的学习思维路径呢？

字斟句酌

六国破灭，非兵不利，战不善，弊在赂秦。[否定性判断未充分论证，削弱说服力。"兵不利、战不善"是否真的如此？]赂秦而力亏，破灭之道也。或曰：六国互丧，率赂秦耶？曰：不赂者以赂者丧[这里的"以"如何解释？不赂者是否都晚于赂者灭亡？另外，"不赂者"在什么情况下因"赂秦者"的什么影响而丧？文章对此有提及吗？]。盖失强援[结合后文论述，你认为"失援"这一原因是否得以充分论证？]，不能独完。故曰：弊在赂秦也。

秦以攻取之外，小则获邑，大则得城。较秦之所得，与战胜而得者,其实百倍[类似于"百倍"等这样的数据模糊表达,其信息来源是否得到确证?];诸侯之所亡,与战败而亡者,其实亦百倍。则秦之所大欲,诸侯之所大患,固不在战矣。思厥先祖父,暴霜露,斩荆棘,以有尺寸之地。子孙视之不甚惜,举以予人,如弃草芥。今日割五城,明日割十城,然后得一夕安寝。起视四境,而秦兵又至矣。然则诸侯之地有限,暴秦之欲无厌,奉之弥繁,侵之愈急。故不战而强弱胜负已判矣。至于颠覆,理固宜然。古人云:"以地事秦,犹抱薪救火,薪不尽,火不灭。"此言得之。

齐人未尝赂秦,终继五国迁灭,何哉?与嬴而不助五国也。五国既丧,齐亦不免矣。燕赵之君,始有远略,能守其土,义不赂秦。是故燕虽小国而后亡,斯用兵之效也。至丹以荆卿为计,始速祸焉。赵尝五战于秦,二败而三胜。后秦击赵者再,李牧连却之。洎牧以谗诛,邯郸为郡,惜其用武而不终也。[一个国家的兴旺,是否可以寄托在一个人身上?]且燕赵处秦革灭殆尽之际,可谓智力孤危[国家的兴亡成败,仅靠谋臣奇才就可以了吗?],战败而亡,诚不得已。向使三国各爱其地,齐人勿附于秦,刺客不行,良将犹在,则胜负之数,存亡之理,当与秦相较,或未易量。

呜呼!以赂秦之地封天下之谋臣,以事秦之心礼天下之奇才,并力西向,则吾恐秦人食之不得下咽也。悲夫!有如此之势,而为秦人积威之所劫,日削月割,以趋于亡。[此处与《过秦论》所引述的历史有一定差异,我们又该如何看待?]为国者无使为积威之所劫哉!

夫六国与秦皆诸侯,其势弱于秦,而犹有可以不赂而胜之之势[此处缺乏充分论证:"犹有"二字给读者留下了想象的空间,很难引出后文的借古讽今之意]。苟以天下之大,下而从六国破亡之故事,是又在六国下矣。①

---

① 普通高中教科书·语文必修(下册)[M].北京:人民教育出版社,2023:150-151.

教学现场

《六国论》选自《嘉祐集·权书》,共 10 篇,都是评论史事和政事的,本文是其中第 8 篇。作者所生活的时代,虽然经济上较为富庶,但统治者重文轻武,轻视州郡武备,军事上屡战屡败,甚至为了换取一时苟安,以物赂敌,苏洵内心郁结,忧思不尽,于是借六国旧事针砭当下,写了这篇名文。苏洵写下此文后,被欧阳修、曾巩等当世文人交口称赞,获得一致好评,那么这篇文章究竟有哪些地方值得我们学习呢?不妨让我们一起走进文本一探究竟。

一、初探文本——疑惑丛生

许多学生在初读文本之后,纷纷表示被苏洵的文风所折服。他不仅说理清晰通畅,而且感情充沛,在学生心中激起了阵阵涟漪,对六国破灭的结局是哀其不幸,怒其不争。这的确是一篇非常精彩的史论文,作者借古讽今,表达了自己对北宋王朝一份拳拳的爱国之情。

就在学生认为可以完成本文学习的时候,有学生站出来表达了不同的看法,认为本文不是一篇好的史论文,不仅观点有误,而且在论述时漏洞百出,苏洵所讲之理根本就"立不直"。此言一出,立刻激起了千层浪,大家围绕此话题,展开了势均力敌的辩驳。

持赞同意见的学生列出了以下几条理由:

生 1:全文写作思路严谨,结构清晰。作者开宗明义,直接亮明了观点:"六国破灭,弊在赂秦。"第二段、第三段分别从"赂秦"和"不赂秦"入手,分别对六国破灭的原因做了分析。第四段和第五段则抒发了作者的感慨,提出了扭转局势的方法和策略,并点明本文的写作目的,告诫北宋统治者应当吸取六国破灭的教训,改变割地求和的外交方针,并进一步表达了作者的愿望"可以不赂秦而胜"之意。

于无疑处生疑

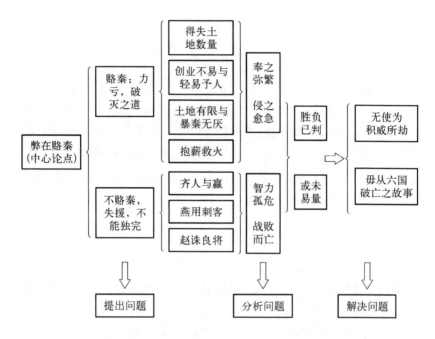

生2：作者在列举论据的时候，采用了类似于"赋"的铺排手法，将当时的历史画面连续不断地铺展开来，将赂秦的严重后果直观形象地呈现在我们面前，读来让人触目惊心。

生3：还有一点必须看到，作者在论证自己观点的时候，使用了多种论证方法，如对比论证、比喻论证和假设论证，对论点进行不同方式的有效论证。如第二段中，作者主要采用了对比论证方法，更有力地证明了自己的观点。

生4：作者在阐述自己观点时，还故意为自己树立了一个假设论敌，毫不避讳地将有人对"弊在赂秦"观点的质疑也表达了出来，在写议论文时很少能看到这样的魄力。

持反对意见的学生也针锋相对地列出了以下几条理由：

生5：作者的观点有失偏颇，六国破灭的原因怎么可以简单归结为"弊在赂秦"呢？当时情况的主要原因，就在于六国在政治上保守,不重视改革,不能坚持"合纵"政策,于是被秦国远交近攻的手段各个击破。另一方面,秦孝公任用商鞅变法,使秦国国力大增,具备了统一中国的实力。再加上长期的战乱,民不聊生,渴望结束战争,国家统一符合人们的愿望。秦国统一中国,这是历史发展的必然趋势。

生6:作者在举例论证时,还对部分历史进行了"篡改",这与历史史实严重不符,从而削弱了论证的力量。比如作者所述"诸侯之所亡与战败而亡者,其实亦百倍",但事实却并非如此,实际情况如下(表10)所示:

表10 六国割地与战败事实

六国割地事实		六国战败事实	
前290年	韩割武遂予秦	前293年	白起将兵,败魏师、韩师于伊阙,斩首二十四万级,虏公孙喜,拔五城
前280年	楚割汉北及上庸予秦	前289年	伐魏,至轵,取城大小六十一
		前285年	秦蒙武击齐,拔九城
前275年	魏割温予秦	前278年	秦拔郢,烧夷陵
前273年	魏割南阳予秦	前276年	秦武安君伐魏,拔两城
		前248年	蒙骜伐赵,定太原,取榆次、狼孟等三十七城
		前247年	秦将王龁攻上党诸城,悉拔之,初置太原郡
		前244年	蒙骜伐韩,取十二城
		……	

生7:作者在论述的语言上大量使用了模糊的量化数字。比如"今日割五城,明日割十城""其实(亦)百倍"等,学生只是看到了一个个模糊的数字,至于具体是哪些城池,数量是多少,作者并没有在文中准确提及,这样的表述是不严谨、不规范的,更像是作者为了凸显写作效果,随意编造了一些夸大的数字。

生8:更为严重的是,第三段在分析"不赂者以赂者丧"这个分论点时,明显存在逻辑上的断层。齐是"与嬴而不助五国也",燕是"以荆卿为计,始速祸焉",赵是"用武而不终也",这些与"不赂者以赂者丧"究竟有何因果关系呢?作者并没有提供一条清晰的逻辑证明的链条,只是在本段最后点出"燕赵处秦革灭殆尽之际,可谓智力孤危,战败而之,诚不得已"这么一个结论,而这只是呼应了第一段中"非兵不利,战不善",整个论证难以令人信服。

学生在各自阐述理由时,都很好地对文本进行了解读,从中找到了证明自己观点的关键所在,紧紧扣住史论文构成的几项关键要素,用有力的事实来佐证自己的观点。双方看似都掌握着最有力的理由证据,可最终却成为了对方反驳的突破口。

二、再进文本——情理共鸣

虽然双方各执己见,争执不下,但大多数学生在读了本文之后,还是承认这篇史论文能打动说服大家,那么这背后还有什么因素在影响他们的阅读呢?在教师引导下,学生暂时抛开分歧,本着互相包容异见的共识,一起回看文本,去发现这些新的要素。在大家共同努力下,很快在文本中找到相关线索。

生9:文中出现了多组直接表现作者情感的词句。在第四段中,接连使用了"呜呼""悲夫"等直抒胸臆的语气词,将作者面对六国破灭时的无奈和惋惜之情直接表达了出来。

生10:文中大量使用的对偶句,如"奉之弥繁,侵之愈急""胜负之数,存亡之理"等,使得文章词句在表述时具有一种整齐对称之美。

生11:文中大量出现了"则""其实""固""然则""而"等字词,这些字词都是衔接上下句的关联词,或者是在句中起着强调突出作用的副词,看似微不足道,却起到了勾连上下文文意的作用,同时还有力增强了作者表达时的感情色彩,使得文章的文势更加通顺且富有气势。

生12：除了上述几个方面之外，从全文整体上看，作者从头至尾将对六国存亡的希望与失望的复杂情感渗透于文字之中，文势时而高扬，时而急转直下，跌宕起伏，荡气回肠。

教师借助此次合作学习，就可以顺理成章地引导学生得出以下结论：史论文在写作时还可以通过情感上的造势来弥补纯粹说理上的不足，如果写作时能将情与理融入文字之中，那么文章就能显示出不一样的意蕴和文势。在这一教学环节中，教师将争执的双方调和为目标一致的合作方，在此时达成共识，就能更加理性地看待文章的生成。从中我们也可以看到苏洵老辣的文笔，感性中融入了理性的力量，理性中又渗透着感性的激扬。

三、拓展文本——群文比较

有学生在完成课前预学作业时，将另外几位作者的《六国论》与之做了一番对比分析，结果发现如果从史论的写作要求——立足史实的角度出发，另外三篇文章所表达的观点，与当时历史现状似乎更加贴合（表11）。

表11　不同作者所作《六国论》观点对比分析

作　者	观　　点
苏　轼	以凡民之秀杰者，多以客养之，不失职也。其力耕以奉上，皆椎鲁无能为者，虽欲怨叛，而莫为之先，此其所以少安而不即亡也。①
苏　辙	盖未尝不咎其当时之士虑患之疏，而见利之浅，且不知天下之势也。②
李　桢	奚为其无术也。焉独存，虽王可也。孟子尝以仁义说梁、齐之君矣，而彼不用也，可慨也夫。③

---

① 苏轼.苏东坡全集：第34卷[M].北京：燕山出版社，1998：1864.
② 苏辙.金圣叹评点才子古文[M].金圣叹，选批.北京：线装书局，2007：192.
③ 人民教育出版社中学语文室.文化著作选读(上)[M].北京：人民教育出版社，2005：149.

苏轼从人才储备和使用的角度来分析六国败亡的原因，他认为只要把那些"士"养起来，老百姓想造反也找不到带头人了，国家就可以安定了。苏辙则从"不知天下之势"入手，分析了六国决策者目光短浅，不识"天下之势"，彼此"背盟致约，以自相屠灭"，以致"秦兵未出而天下诸侯已自困矣"，从而自食恶果，相继灭亡。李桢则认为六国和秦一样，都是暴虐无异，六国之亡，就亡在他们力量弱小而又欲为秦所为，而要想免于灭亡，只有行仁义。三人从不同的角度，结合当时的历史，阐述了各自对六国破灭的不同看法，较之于苏洵所提出的观点，更有针对性，他们所阐述的理更能立得直。但学生也表达了自己的真实阅读感受，这三篇文章在文章气势上明显逊色于苏洵的《六国论》，客观理性有余，而主观感性不足。如果要为这四篇文章排序，学生还是认为苏洵的文章应该排在第一。

分析到此，我们会发现学生的思维活动似乎又回到了最初的起点，对问题的讨论陷入了一个无穷无尽的循环之中，思维的火花渐渐要熄灭了，教师要在此时重新点燃学生求知的欲望，将学生的思维拉回到正轨，沿着这条路径继续向下探寻。

四、推测文本——古为今用

经过前面两次对目标问题的反复探讨，有学生产生了新的疑惑，如果苏洵的《六国论》不是真正意义上的史论文，那么，它应该被归为哪一类文体呢？于是有学生进一步提出了自己的观点，是否可以将其归为政论文，因为从苏洵最终的写作目的来看，这篇文章更侧重于针对北宋当时的现实问题，针砭时弊的写作目的彰显无疑。那么，这样的推断能否成立，不妨继续让学生深入思考。

有学生围绕成文的写作背景和写作目的着手分析。作者的写作目的，主要是为了借六国灭亡的历史事实警告北宋统治者不能重蹈覆辙,尤其是当时北宋在面对外族入侵,采取了妥协投降的政策,连年不断地向敌国进贡,导致国力衰微,作者希望写这篇文章来引起北宋统治者注意,正如文章最后一段所写:"苟以天下之大,下而从六国破亡之故事,是又在六国下矣。"这是作者真正的写作目的,因此,本文定位为政论文更合适。这一分析路径得到了学生的一致认可,这是显性的文字信息。

还有部分学生从作者和读者所处不同语境的角度分析。假设我们将《六国论》定位在政论文,那么就不难理解作者为何会对六国的历史加以处理了,因为这都是为了作者论述自己的观点服务,作者是站在北宋王朝当时的现实处境中写文章,这样的改动就是为了更好地为自己的写作服务。从战国到宋朝,相距千年历史,对于许多不是真正了解六国那段历史的人来说,这段历史其实本来就很模糊,大多数人更不会去深究,也无从深究。所以苏洵在构思《六国论》时,不惜用了许多"曲笔",他巧妙地对历史进行了"改造"。在作者的笔下,六国的历史只是写作的外壳,作者真实的意图隐藏在这段历史的背后,这个隐藏在文本背后的"理"才是文章的灵魂。

学生对文本信息的假设和推断,也是批判性思维中重要的一环。通过学生的假设分析,可以找到可能存在的合理性,从而弥补之前分析环节中出现的思维漏洞,使得分析更加完善系统。

五、走出文本——拨云见日

在写作史论文时,真实性这个因素的确应该放在首要位置。那么对于真实性这个问题,我们又该怎样去定位和思考呢?尤其是历朝历代的文学家、史学家、评论家,他们有没有发现这个问题呢?即使此文不是一篇严格意义上的史论文,为什么他们还会一如既往地推崇它,甚至不惜溢美之词,给予高度评价呢?这背后又反映了什么?

于无疑处生疑

朱光潜先生在《谈文学》一书中曾对"艺术的真实性"有过这样的分析,他认为所谓的真实,包括三种情况:一是历史的真实,二是逻辑的真实,三是艺术的真实。"在一个作品以内,所有人物内心生活与外表行动都写得尽情尽理,首尾融通,成为一种独立自足的世界,一种生命与形体谐和一致的有机体。""艺术作品不能不有几分历史的真实,因为它多少要有实际经验上的根据;它却不能只有历史的真实,因为它是艺术,而艺术必于'自然'之上加以'人为'。"[1]艺术作品如此,文学作品不也是这样吗?真实的历史,对于我们来说是何其困难,我们读到的历史都是碎片化的,是史官记录下来的历史,这样的历史与完全真实的历史之间本身就存在着差异,有着很大的出入。既然如此,那为什么我们就不能接受苏洵带给我们的文学作品的真实呢?

在苏洵的文学世界里,我们真实地感受到了一位有良知的知识分子身上所怀有的一种赤诚的爱国情感。鲁国贵族叔孙豹曾提出了"三不朽"说:立德、立功、立言。而三者在一个人身上很难同时具备,不同个体,他的社会价值在一定程度上也有着很大差别,反映了不同层次的人对人生价值的看法。"立德"是指具有高尚的道德修养;"立功"指建功立业,有功于民,有功于社会;"立言"指对后世、他人有言论贡献。圣人可以立德,君主可以立功,那么知识分子呢?苏洵正是靠着这样的"立言",来履行知识分子对这个社会和国家的责任和使命,这也是我们从苏洵身上读到的中国士大夫身上所独有的一种精神和气质。正是因为苏洵将他对国家和社会的这种真挚的感情融入他的写作里,我们才感受到了作者充沛的气势和雄辩的力量,这或许也是历代文人墨客推崇该文的深层次原因吧!

学习了苏洵的千古名篇《六国论》,我们或许不是心服口服于他

---

[1] 朱光潜.谈文学[M].上海:东方出版中心,2016:132-133.

的旁征博引的关于六国破灭的论点,让我们佩服得五体投地的,是苏洵的披肝沥胆,仗义执言。既然如此,我们又何必纠结于历史细节的真实呢?《六国论》就是一篇知识分子用自己的真知灼见书写的借古讽今的史论文。

教学流程

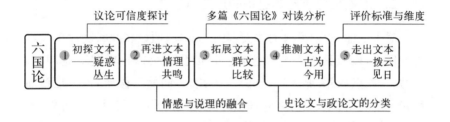

因文制宜

《六国论》作为千古名篇,自问世之日起就备受历代名家推崇。

前文我们已有言及,从文体走进文本,是一条非常有效的文言文学习路径。就文体特征而言,《六国论》是一篇"论"——"论"作为论说文中的一种体裁,要求有明确的论点、可信的论据与严密的论证。在析理过程中,析理愈透、愈精,就愈能彰显"论"这一体裁的美感与价值。一般来说,论点、论据、论证构成了论说文的基本要素,因此我们可以把这三要素作为我们理解、思辨、质疑古代论说类文本的基本视角。

一、对论据的质疑与思考

我们可以将文本中的所有论据进行梳理归类,形成事实论据与理论论据两大类别。就事实论据而言,我们可以查找相关信息来源,确认数据、说法等论据的客观真实性。不仅如此,我们还可以查阅具有相似论据的其他文本,探究其与本文的论据在引证、表述上是否存在矛盾……从多角度探究事实论据的"信度"。就理论论据而言,我们可以回归理论本身的原始语境,明确其本源所指,由此探究本文使用其作为理论论据是否贴切……质言之,对于论据的质疑与思考,信度是最基本的立足点。若是信度存疑甚至有明显争议的论据,论证效度势必会受影响。

二、对论证分析及其过程的质疑与思考

对于论证,我们可以关注文本中的推理、假设、判断、类比等基本论证形式,探究其是否合乎逻辑。比如我们可以分析逻辑连词,如"然则"(既然如此,那么)、"是故"(因此)、"向使"(假使)……推敲前后句子的逻辑关系是否成立,进而提出自己的质疑与思考。另外,我们还可以关注论证方法,分析论证方法在论述实践中的作用,并对其有效性和说服力做出评估。

三、对论点的质疑与思考

对于论点,我们可以从整体性角度审视,探究论点是否得到有效且充分的论证。比如《六国论》的中心论点"六国破灭,非兵不利,战不善,弊在赂秦",与后文的论证是否完全对应——即后文的论述能否充分证明这一论点?对于这一问题的思考,能将我们解读文本的视角从微观转向宏观,最终转向作者的问题意识,回归其写作意图。

当然,我们不可将一些论证上的质疑作为否定整篇文章全部价值的唯一理由;同时,我们更不可停留在对疑问处的简单解读上,而是要深入质疑处,探究作者背后的写作意图,以此通向文本深处历久弥新的价值所在。

文体之辨：史论还是政论？

思维导览

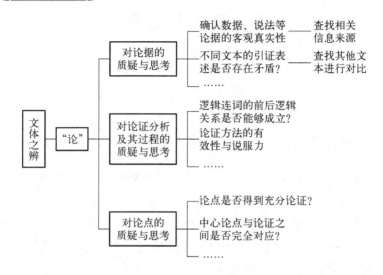

鸿文乎？妄文乎？

——另眼看《过秦论》

阅读导引

当看到"过秦论"这个标题时，你会联想到什么？比如，秦国是否因暴政而灭亡？

当你读到"振长策而御宇内，吞二周而亡诸侯，履至尊而制六合，执敲扑而鞭笞天下，威振四海……士不敢弯弓而报怨"这些文字时，心中是否会有一种预先的设定，认为秦王当时只是一味地用强权和武力征伐天下？

当你进一步读到"于是废先王之道，焚百家之言，以愚黔首；隳名城，杀豪杰，收天下之兵，聚之咸阳，销锋镝，铸以为金人十二，以弱天下之民。然后践华为城，因河为池，据亿丈之城，临不测之渊以为固。良将劲弩守要害之处，信臣精卒陈利兵而谁何"时，你心中秦王"不施仁义"的暴君形象是否会进一步强化？

当你读到最后的"仁义不施而攻守之势异也"时，是否会将"仁义不施"理所当然地看作对上述三重主观想法的总结？因此你会将这里的"而"字顺理成章地解释为因果关系，观点也就自然显现，因为"不施仁义"而造成"攻守之势异也"——前者是文章重点论述的"因"，后者则是作为历史教训的"果"。

自此，本文的写作目的便在你心中徐徐浮现：这是一篇围绕统治者"不施仁义"的危害所作的一篇借古讽今的"鸿文"。

一切看似顺理成章，有理有据……

可果真如此吗？带着这样的疑惑，让我们走进文本。

字斟句酌

秦孝公据崤函之固，拥雍州之地，君臣固守以窥周室，有席卷天下，包举宇内，囊括四海之意，并吞八荒之心。当是时也，商君佐之，内立法度，务耕织，修守战之具，外连衡而斗诸侯。[你认为这些行为是对百姓施行仁义的手段，还是一种治理国家的必要方式？]于是秦人拱手而取西河之外。

孝公既没，惠文、武、昭襄蒙故业，因遗策，南取汉中，西举巴、蜀，东割膏腴之地，北收要害之郡。诸侯恐惧，会盟而谋弱秦，不爱珍器重宝肥饶之地，以致天下之士，合从缔交，相与为一。当此之时，齐有孟尝，赵有平原，楚有春申，魏有信陵。此四君者，皆明智而忠信，宽厚而爱人，尊贤而重士，约从离衡，兼韩、魏、燕、楚、齐、赵、宋、卫、中山之众。于是六国之士，有宁越、徐尚、苏秦、杜赫之属为之谋；齐明、周最、陈轸、召滑、楼缓、翟景、苏厉、乐毅之徒通其意，吴起、孙膑、带佗、倪良、王廖、田忌、廉颇、赵奢之伦制其兵。尝以十倍之地，百万之师，叩关而攻秦。秦人开关延敌，九国之师，逡巡而不敢进。秦无亡矢遗镞之费，而天下诸侯已困矣。于是从散约败，争割地而赂秦。秦有余力而制其弊，追亡逐北，伏尸百万，流血漂橹；因利乘便，宰割天下，分裂山河。强国请服，弱国入朝。[本段如数家珍，集中展现了秦国从弱小到强盛的全过程，这主要得益于什么，是文末观点所言及的"仁义"吗？]延及孝文王、庄襄王，享国之日浅，国家无事。

及至始皇，奋六世之余烈，振长策而御宇内，吞二周而亡诸侯，履至尊而制六合，执敲扑而鞭笞天下，威振四海。南取百越之地，以为桂林、象郡；百越之君，俯首系颈，委命下吏。乃使蒙恬北筑长城而守藩篱，却匈奴七百余里；胡人不敢南下而牧马，士不敢弯弓而报怨。于是废先王之道，焚百家之言，以愚黔首；隳名城，杀豪杰，收天下之兵，聚之咸阳，销锋镝，铸以为金人十二，以弱天下之民。然后践华为

于无疑处生疑

城,因河为池,据亿丈之城,临不测之渊,以为固。良将劲弩守要害之处,信臣精卒陈利兵而谁何。[当你再次看到这些语句时,你心中秦王"不施仁义"的暴君形象是否进一步得到证实?本文就是围绕"不施仁义"的危害所作的一篇针砭时弊的文章。]天下已定,始皇之心,自以为关中之固,金城千里,子孙帝王万世之业也。

始皇既没,余威震于殊俗。然陈涉瓮牖绳枢之子,氓隶之人,而迁徙之徒也;才能不及中人,非有仲尼、墨翟之贤,陶朱、猗顿之富;蹑足行伍之间,而倔起阡陌之中,率疲弊之卒,将数百之众,转而攻秦;斩木为兵,揭竿为旗,天下云集响应,赢粮而景从。山东豪俊遂并起而亡秦族矣。

且夫天下非小弱也,雍州之地,崤函之固,自若也。陈涉之位,非尊于齐、楚、燕、赵、韩、魏、宋、卫、中山之君也;锄櫌棘矜,非铦于钩戟长铩也;谪戍之众,非抗于九国之师也;深谋远虑,行军用兵之道,非及乡时之士也。然而成败异变,功业相反,何也?试使山东之国与陈涉度长絜大,比权量力,则不可同年而语矣。然秦以区区之地,致万乘之势,序八州而朝同列,百有余年矣;然后以六合为家,崤函为宫;一夫作难而七庙隳,身死人手,为天下笑者,何也?仁义不施而攻守之势异也。①[结合之前的阅读感受,你对这句话的解释,是否是"因为秦王'不施仁义',所以'攻守之势异也'"?这样的解释是否也是作者所要表达的真实写作意图呢?]

教学现场

品评历史类作品,既要将史传作品和史论文章放回历史现场,把握其中蕴含的史家观念,分析作者看待历史的角度,认识作品在当时的意义及其对后世的影响,比如《过秦论》的观点在西汉初年的合理性;也要超越时代,审视作者的立场,辨析作品的不足,认识

---

① 贾谊.过秦论[M].北京:中华书局,1961.

史家修史观念的局限性、评论者看待历史或论述方式的偏颇和缺陷。

笔者在教学中,曾布置了一道文言文翻译题,让学生把作者的观点句"仁义不施而攻守之势异也"译成现代汉语,得到的答案明显存有分歧。一部分同学译成,(因为)秦国没有实行仁义,(所以)导致了攻和守的形势发生了改变(观点1)。另一部分同学则译成,秦国没有施行仁义,(但是)攻和守的形势(其实)已经发生了变化(观点2)。从表面上看,这两种翻译的区别似乎就是在"而"字的解释上存有差别,但这细微的差别却反应出了两种截然不同的认知作者观点的事实,可以说因一字而动全身。那么,这两种解释哪一个更符合作者写作本意?我们又该如何正确看待作者所提出的观点呢?

一、梳理文本

面对两种不同的翻译,哪一种更符合作者要表述的观点,首先需要厘清作者在文中究竟写了什么内容(表12):

表12 《过秦论》内容梳理

段　落	内　　　容	表达方式
第一段	秦孝公志在天下,得商君辅佐,由此奠定了秦国富强的基础	叙述
第二段	惠文王、武王、昭襄王"蒙故业,因遗策"四面出击,战果丰硕,宰割天下,引起"诸侯恐惧"	叙述
第三段	始皇即位,奋六世之余烈,吞二周而亡诸侯,威震海内。践华为城,因河为池,自以为关中之固,金城千里,子孙帝王万世之业也	叙述
第四段	始皇既没,余威震于殊俗。然陈涉氓隶之人,率疲弊之卒,将数百之众,揭竿起义,天下云集响应,山东豪俊遂并起而亡秦族矣	叙述

续 表

段落	内容	表达方式
第五段	将六国、陈涉与秦的"实力"做全方位比较，陈涉无论在武器、人才、战术、组织等方面皆不及六国与秦，可最终弱小的陈涉却使强秦败亡，贾谊借此突出强调了自己的观点：仁义不施，攻守之势异也	议论

通过梳理，我们可以看到文章以五分之四的篇幅，按照时间顺序叙述了秦国由弱到强，再到鼎盛，直至灭亡的历程。前三段写秦之兴，从第四段转入写秦之亡，第五段则分析比较秦之兴亡得失，并以"仁义不施，而攻守之势异也"点出"过秦"主题。

从文章整体看，全文结构清晰、论据充分、文辞华美、气势充沛，最后得出的观点也颇具警示意义，是一篇难得的佳作，无愧于"西汉第一鸿文"的美誉。但仔细推敲所述内容，持观点 2 的学生随即提出质疑，我们会发现前三段有关秦从兴起到统一的论述中都没有提及"施仁义"，如果秦国的强大不是行仁义，那么所谓的论点"仁义不施而攻守之势异也"的因果关系就不成立，仅凭借这点，就可以推翻持观点 1 的学生的分析。而这就进一步引发学生思考，如果"施仁义"不是作者所要阐述的重点，那么，究竟应该如何理解这篇文章的观点才是准确到位的呢？

二、分析质疑

同时，持观点 1 的部分学生也开始对自己的观点表现出了动摇，因为观点 1 在逻辑上很难自圆其说。此外，持观点 2 的同学进一步追问，如果从文字表述入手看，作者对于秦王的做法，还是予以高度赞许的。比如，"席卷天下，包举宇内，囊括四海之意，并吞八荒之心"这组排比句的使用突出强调了秦孝公统一天下的雄心。接下来还采用短句样式，描绘了秦始皇统一天下的气势与声威，灭九国、取百越、

鸿文乎？妄文乎？

却匈奴，甚至我们通过一些富有气势的词句，如"奋六世之余烈""威振四海"就能体会出秦王叱咤风云的豪壮之气。正是通过作者饱蘸情感的刻画描写，我们也体会到了作者对历代秦王完成天下一统的理想精神的肯定。

但持观点1的学生随即也表达了自己的疑惑，如果按照持观点2的学生的分析，意在强调攻和守的形式发生了变化，而秦始皇由于没有及时调整策略——施行仁义，才导致了败亡。那么，这是否默认了在攻取天下时就不需要施行仁义了？持观点2的学生对此予以了反驳。

生1：我们清晰地看到，前三段中历代秦王对占据天时、地利深信不疑，他们自认为拥有了这两样，便可以高枕无忧。但其实并非如此，随着天下的形势逐渐安定，"仁义"所产生的作用也有着一个"由隐到显""由弱变强"的显现过程。可是秦始皇却固执地摒弃了仁义，反而用"愚民""弱民"的暴政来统治天下，最终导致败亡。"仁义"一说不仅没有被摈弃，反而暗含在字里行间中，虽然在攻取天下时没有直观显现，但不能因此而否认了仁义存在的必要性。

生2：我们还可以关注一下围绕"固"反复出现的关键词句。比如"据崤函之固，拥雍州之地，君臣固守"，秦国认为凭借有利的地势便于固守；"自以为关中之固，金城千里，子孙帝王万世之业也"，哪怕统一天下后，秦始皇还是一味强调地利的重要作用；直到陈涉起义，秦始皇又提到"雍州之地，崤函之固，自若也"。秦始皇以为拥有"关中之固"便可坐拥天下，这其实是一种假象，他不知守天下时不能照搬攻天下时的策略，而要关注百姓安危，施行仁义。只有这样才能取得民心，才能更好地治理国家。

生3：事实上，我们可以通过前三段的内容总结一下秦国攻取天下获得成功的原因：地理上的得天独厚、外交上的远交近攻、内政上的深度改革和军事上的武力兼并，唯独没有提到对百姓的仁义。我觉得这是作者在写作时故意留白，正是这个看似无关的留白，才是导致秦朝迅速败亡的关键因素。贾谊文笔老到,直到文末才明确点出,给人一种恍然大悟的感觉:往往被忽略的,才是最致命的。因此,作者围绕"仁义"展开写作的同时,进一步告诉读者,夺取天下可以风光一时,但却不能风光一世,因为一个不懂得与时俱进的君王,是不可能让国家长治久安的。

在相互的质疑辩驳中,双方逐渐达成了以下两点共识:第一,贾谊全文始终紧扣"仁义"二字在做文章,最后得出的结论"仁义不施而攻守之势异也"有理有据,顺理成章。第二,我们可以看到秦国在攻守转换过程中,不能随势而变,及时调整治国之策,最终带来亡国的严重后果。在对贾谊的观点质疑分析的过程中,我们也厘清了作者的写作思路,加深了对文本的理解和认知,达成共识,观点2就是作者的写作意图。

三、调整完善

既然观点2就是作者的写作意图,那么作者在阐述自己的观点时是否充分呢?在上一轮的分析的基础上,学生再次对作品进行热火朝天的讨论。

生4:在攻天下时可以用攻伐之术,但攻伐之术并非唯一应该考虑的内容,也应想到安稳民心,这样才能迅速巩固自己的胜利果实,才算真正得到天下。而在守天下时,安稳民心这一问题会被无限放大,被放到更加重要的位置。贾谊强调治国策略应随势而变这一观点,是非常有必要的。

生5:我也同意上述分析。尽管孟子宣扬通过实施仁政来"王天下",但没有成功的例子。在攻天下的过程中,不能仅靠仁义,更重要的是凭借强大的军事实力来消灭对手夺取天下,这是必然实情。但是在夺取天下之后呢?就不能再一味靠武力来治理天下了,而是要依靠仁义。因此,情况不同,每个阶段施行的策略也应有所不同,不可一成不变,一以贯之。贾谊提出观点的角度的确与众不同,他分析问题具有时代性和前瞻性。

生6：作者将秦国和六国之师的力量进行对比，最终胜利的却是秦国。而秦国覆灭时，陈涉的实力虽然不如六国强大，但是却打败了比六国之师强大的秦国。这环环相扣的对比，正说明了秦国的灭亡不是因为对方的实力多么强大，而是自身出现了问题，作者最后自然引出自己的观点也合情合理。

生7：我们不妨看一看始皇帝的施政问题吧！毁名城、杀豪杰、弱百姓、残害人才，甚至还焚书坑儒、禁锢思想、收缴兵器、严防百姓，毫无怜悯之心。一贯崇尚武力、迷信军事高压手段的秦始皇，未能因时而化，攻取天下之时采用法家之术，在守卫天下之时却泥古不化，对本已疲极的民生仍以法役之、治之、防之、愚之、弱之，逆时势而动，终致大厦倾覆！作者用一连串的历史史实证明了秦始皇不审时度势而造成的恶果。

生8：我还想补充一点，其实《过秦论》一文分为上、中、下三篇。我们今天读到的是上篇，在上篇中，作者花了较多篇幅展示了秦国采用法家思想统一天下而获得了不错的成绩。但是，这个方法在得天下后就不行了。我发现在中篇和下篇中，作者集中笔墨阐述治理国家要施仁义。因此，我认为教材节选给我们造成的解读断层，会给我们带来许多困惑，只有完整连贯地将三篇连读才能更好地理解作者的写作用意。其实，就本篇写作角度看，贾谊还是很充分地阐述了自己的观点。

但也有同学认为，贾谊这篇《过秦论》是一篇妄文，有许多细节经不起推敲，不能充分证明自己的观点。

生9：显然针对秦灭亡的事实，作者用了夸张的手法，就像文章里描写的那般："秦无亡矢遗镞之费，而天下诸侯已困矣。"通过夸张的手法的确能产生很好的写作效果，并且能深入人心，但是这种处理史实的方式在写史论文时似乎不妥，战争不可能没有一丝一毫的耗费，战争必定会给双方的百姓带来深重的灾难。

生10：我也查阅了当时的历史，从历史史实角度来看，《过秦论》

的确是一篇妄文。六国当时采用的是连横的政策，他们五次攻打秦国，但没有一次是六国一起去攻打的，最多就是五个国家，因此文章中提到六国攻秦明显就是虚构的。

生11：另外，秦国不费吹灰之力就将这五个国家消灭也与史实不吻合。信陵君就曾指挥军队攻秦，对秦国造成了不小威胁。此外，秦庄襄王在位的时候，也大大小小发生了许多次对秦朝有威胁的战争，但作者把这一系列战争隐去，避而不谈，无非就是为了凸显秦国的强大，并且与后面陈涉灭秦相对比，形成一种戏剧感。

生12：还有一点，相信大家都是知道的，灭秦的不止陈涉之流，还有项羽刘邦等起义军。在文中，贾谊却只字未提项刘起义大军，这显然与史实有所出入。作者有意凸显了陈涉的力量，似乎借此来表现陈涉之流虽弱小却可以战胜强大的秦国。这种为了达到自己的写作目的而忽略历史史实的做法，明显是对历史的不尊重。

虽然持反对意见的学生只占据了小部分，但他们却从历史史实出发，客观理性地对贾谊使用的史实论据做了正确剖析，这在一定程度上修补了我们在看待贾谊论述观点时形成的盲区，从而更加客观全面地看待贾谊在修史写史过程中的不足，《过秦论》被称为妄文也不是没有一定道理。但是随即有学生提出了自己的困惑，贾谊的才气在当时首屈一指，今天的我们尚且知道这其中的漏洞，难道生活在西汉初年的他却不知道秦朝灭亡的史实吗？还是他故意使用了"曲笔"，以达到他特定的写作目的？为何他会不顾篡改史实所带来的后果？他这样不合情理的做法意欲何为？

四、循环延伸

研习至此，教师可以引导学生做进一步思考，作者选择这样的修史观有其合理性和必要性吗？《过秦论》到底是一篇鸿文还是妄文呢？教师不妨再次带领学生一起回溯历史，站在彼时彼刻的历史语境中，去还原写作本文时真实的文学创作背景，去体会贾谊的良苦用心。

首先,西汉建国之初,社会刚刚经过两年反秦战争和四年楚汉战争的大破坏,国家满目疮痍,百姓已经贫困到无以复加的程度,此时最需要休养生息。只有实施轻徭、薄赋、节俭的政策才能使百姓安定下来,使国家逐步走上复苏之路。这是西汉初期的社会现实。

　　其次,贾谊着重指出秦朝"仁义不施",完全沿用统一前的严刑峻法,这就犯了不可饶恕的关键性错误。因此,贾谊在文章中反复强调,统治者的治国策略必须随着社会形势的变化不断调整,即治国策略都有其时代的适应性,高明统治者应及时发现转变政策的契机并恰到好处地完成这种转变。这是西汉国情变化的现实再现。

　　再次,我们必须明确一点,贾谊在《过秦论》中主要探讨的是秦败亡的原因,目的是借古讽今,为汉朝统治者治理天下提供借鉴。对于当时已经取得天下的汉朝来说,他们关注的重点是如何守住祖先创下的基业。在贾谊看来,治理好天下的关键必须依靠"施仁义",汉朝要想不重蹈覆辙,必须要从现实国情出发。所以说,贾谊的"过秦",并非简单地批评暴政倡行仁政,而是从是否适宜施政的角度来论述的,其规汉,也正是为适势养民、安民而固汉室。这是作者写作目的的真实表达。

　　最后,贾谊在文章中提出的观点,必须是当时社会现实的真实反映,是老百姓的愿望与诉求的集中再现,事实上也的确如此! 贾谊曾对秦的败亡做过更深入的理性思考:"闻之于政也,民无不为本也。国以为本,君以为本,吏以为本。故国以民为安危,君以民为威侮,吏以民为贵贱……故夫战之胜也,民欲胜也;攻之得也,民欲得也;守之存也,民欲存也……民者万世之本……故自古至于今,与民为仇者,有迟有速,而民必胜之。"[①]我们从中可以看到"施仁义"的背后其实是作者"民本"意识的体现,这也是"德治"思想的核心内容。贾谊的"民本"思想较之荀子"载舟覆舟"的理念更进了一步,这种认识的深化与

---

① 贾谊.贾谊集贾太傅新书[M].长沙:岳麓书社,2010:100-101.

秦末农民战争所显示出的巨大威力有着直接的联系。这是写作本文思想精华的凝聚。

在查阅历史文献资料的同时，通过以上四点的归纳总结，我们是不是更清晰地看到了作为一名士大夫，贾谊身上所体现的一种强烈的责任意识？回头再看《过秦论》的写作，贾谊哪怕要背负修史写史中的"谬误"，也要大声表达出他内心中的真实想法，这点精神气魄的确值得我们学习。

五、评价总结

贾谊以兼具文学家、史学家甚至哲学家的三重身份完成了《过秦论》的创作。在这篇作品中，贾谊不惜用写赋的铺陈和夸饰的文学笔法，气势恢宏地勾勒了秦国发家致富、夺取天下的辉煌历史。历史事件风云变幻，英雄人物纷至沓来，他们在贾谊的《过秦论》中勾画了一幅博大的历史画卷，我们都被贾谊的文气所震撼。与此同时，贾谊独特的写作角度还体现了朴素的辩证法思想，"仁义不施而攻守之势异也"，世间万物不可能永远一成不变，盛衰荣辱其实都可以转化，正像老子所说的"祸兮，福之所倚；福兮，祸之所伏"。如果当时的统治者能从中悟出其中的哲学内涵，也不枉贾谊写作本文的一片苦心。

作为一篇有价值的史论文，不在于它有多么高深的观点，不在于它有多么新颖的角度，也不在于它用到多么精妙的写作技巧，而在于它是否能真诚地表达作者对历史和现实的思考，对于执政者也好，对于老百姓也罢，如果能从中归纳总结出一点历史经验，带来一定的借鉴，从而使得国家欣欣向荣、百姓安居乐业、社会朝着正常有序的方向发展，那么这篇作品的现实价值也会被世人肯定。

正如《论语·子张》中所言："贤者识其大者。"作为一名有担当有远见的士大夫，贾谊敏锐地洞察天下形势，了解百姓疾苦，从社会真实的状况出发，对当时国家发展现状作深入思考，写下我们今天所看到的"西汉第一鸿文"。本文能获得鲁迅先生的极高赞誉，绝非偶然。

鸿文乎？妄文乎？

通过本文的学习，相信学生也有了深刻的体会，既然你对古代士大夫的那份家国担当和爱国情怀发出了由衷的赞许，那又何须再去纠结文中的瑕疵呢？是非论断自在心中！

教学流程

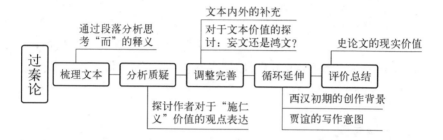

因文制宜

如何才能洞悉一篇文章的写作意图呢？一般来说，首先要立足文章整体。尤其是本文，它是一篇节选文章，我们只是窥斑见豹，不能用节选的部分阅读来取代文本整体性阅读。其次，还要回归历史现场，从当时的历史语境出发，站在当时历史现实的角度去分析文本，而不是用想当然的主观臆断去推测作者的写作意图。

基于以上两点，我们会发现《过秦论》并非简单揭露秦王"暴政"的事实。不妨设想一下，西汉初期最主要的社会矛盾是什么？作为一个历经战乱、百废待兴、刚刚建立的国家政权的士大夫，作者写作本文难道仅是为了批判前朝"暴君"秦王吗？这对目前国家治理并无太多实际的用处。那么，立足现实，贾谊更需要关心的是什么？那就是用他超前的政治眼光去讽谏当朝统治者如何更好地建设这个国家。因此，"不施仁义"并非仅指秦王对国家和百姓的错误态度，更指向其作为一名政治家的政治眼光和格局的浅陋，不懂得随时而变，采取相应的治国之策，也正是这种不成熟的政治表现，最终葬送了秦王

于无疑处生疑

治国的大好时局,最终导致了误国甚至亡国的结局,或许这才是贾谊真正的写作意图。

为什么我们在解读过程中会产生"意图谬误"呢?因为我们首先在心里先入为主地形成了"刻板印象"——秦国之过在秦王,秦王之过在暴政。在接下来的阅读中,我们想当然地将这种印象与文本进行"互证",并通过所谓的线索依据进一步强化这种"互证",最终形成了基于"刻板印象"的文本解读:本文是一篇揭露秦王暴政的批判性"鸿文",而事实却并非如此。于是,我们对自己的解读进行修正,此时你会发现对"而"字的解释,如果调整为转折关系,将更符合贾谊彼时情境下所要表达的观点。

思维导览

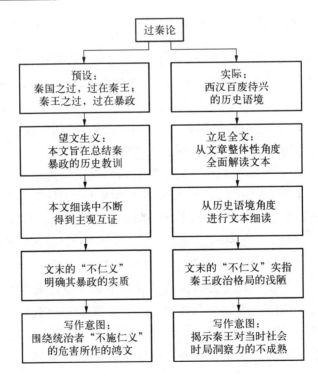

真实的情感源自何处?
——走出项脊轩后的留影

阅读导引

《项脊轩志》作为一篇回忆性抒情散文,以极淡之笔写尽极浓之情,感动着一代又一代的读者。从内容看,作者以蒙太奇式的手法将几段不同时期的往事进行了"剪裁""拼贴",分别抒怀了对老屋、老妪、母亲、大母、爱妻的怀念之情,情感真挚,令人动容。

从表达方式看,本文多以叙述和抒情相结合,然而第四段却通段议论,与全文的叙事抒情基调似有不合,有扰乱文气之嫌。在教学过程中,我们发现编者有意将第四段议论段删除了,那么这样的教材编写是否合理呢?应该尊重作者本意,将其保留,还是顺从教材编写者的意图,将该议论段删除,这不得不让人深思。

字斟句酌

项脊轩,旧南阁子也。室仅方丈,可容一人居。百年老屋,尘泥渗漉,雨泽下注;每移案,顾视无可置者。又北向,不能得日,日过午已昏。余稍为修葺,使不上漏。前辟四窗,垣墙周庭,以当南日,日影反照,室始洞然。又杂植兰桂竹木于庭,旧时栏楯,亦遂增胜。借书满架,偃仰啸歌,冥然兀坐,万籁有声;而庭阶寂寂,小鸟时来啄食,人至不去。三五之夜,明月半墙,桂影斑驳,风移影动,珊珊可爱。

然余居于此,多可喜,亦多可悲。先是庭中通南北为一。迨诸父

于无疑处生疑

异爨,内外多置小门墙,往往而是。东犬西吠,客逾庖而宴,鸡栖于厅。庭中始为篱,已为墙,凡再变矣。[此处含蓄点出家族"分家"的现实,从通读中,我们不难从"矣"字读出些许的无奈与感伤。然而,此处对此细节的叙写绝非对往事单纯的回忆,而是对身上以"使命"和"责任"为核心的"家族情"的追忆——这些,你可曾读出?]家有老妪,尝居于此。妪,先大母婢也,乳二世,先妣抚之甚厚。室西连于中闺,先妣尝一至。妪每谓余曰:"某所,而母立于兹。"妪又曰:"汝姊在吾怀,呱呱而泣;娘以指叩门扉曰:'儿寒乎?欲食乎?'吾从板外相为应答。"语未毕,余泣,妪亦泣。余自束发读书轩中,一日,大母过余曰:"吾儿,久不见若影,何竟日默默在此,大类女郎也?"比去,以手阖门,自语曰:"吾家读书久不效,儿之成,则可待乎!"顷之,持一象笏至[大母把象笏给了作者,你认为其中寄寓了什么?],曰:"此吾祖太常公宣德间执此以朝,他日汝当用之!"瞻顾遗迹,如在昨日,令人长号不自禁。[为何作者"瞻顾遗迹"会"长号不自禁"呢?仅仅是对"遗迹"的怀念吗?]

轩东,故尝为厨,人往,从轩前过。余扃牖而居,久之,能以足音辨人。轩凡四遭火,得不焚,殆有神护者。

项脊生曰:"蜀清守丹穴,利甲天下,其后秦皇帝筑女怀清台;刘玄德与曹操争天下,诸葛孔明起陇中。方二人之昧昧于一隅也,世何足以知之,余区区处败屋中,方扬眉、瞬目,谓有奇景。人知之者,其谓与坎井之蛙何异?"[本段文字在诸多版本的教材中,多被删除。而在诸多版本的课后练习题中,却又多次将本段予以补充,这其中展现出了编者"删与不删"的矛盾。你认为这段文字可以删去吗?如可以,删去的理由是什么?如不可以,理由又是什么呢?]

余既为此志,后五年,吾妻来归,时至轩中,从余问古事,或凭几学书。[你如何看待归有光记载妻子"时至轩中,从余问古事""凭几学书"的行为?却不曾写妻子对自己嘘寒问暖的画面?]吾妻归宁,述诸小妹语曰:"闻姊家有阁子,且何谓阁子也?"[为何归有光偏偏只记录妻子从娘家省亲回来后向自己转述小妹提出的问题——"何谓阁子"一事?其他的内容只字未提?这背后又蕴含着何种写作意图?]其后六年,吾妻死,室坏不修。其后二年,余久卧病无聊,乃使人复葺南阁子,其制稍异于前。然自后余多在外,不常居。

庭有枇杷树,吾妻死之年所手植也,今已亭亭如盖矣。①

教学现场

作文是富有灵性的思维活动,最能体现人的情感与个性。人们热爱经典作品,不仅希望获得启示,也希望通过阅读发现并孕育美好情感,从而成为健全的人。归有光《项脊轩志》中刻骨铭心的亲情、爱情记忆,无不是真情实录,历经千百年,人们仍然能感受到作者的真诚。

作为一部完整的文学作品,《项脊轩志》在入选教材时理应保持其全貌,但不管是之前所使用的沪教版还是目前的部编版教材,编写者都不约而同将其中一段议论性的文字删除(项脊生曰:"蜀清守丹穴,利甲天下,……人知之者,其谓与坎井之蛙何异?")。编者基于何种理由删除这段议论性文字?这段被删除的文字又会不会给我们在分析和把握作者情感时带来影响?这些问题很值得我们去思考。

一、文本质疑——难以共情

正所谓"不言情而情无限,言有尽而意无穷"②,作为一篇叙事抒情的文言散文,作者通过捕捉生活中的细节来表现祖孙、母子、夫妻之间的深厚情义。那么,笔者在教授本课时是否能达到预期理想的教学效果呢?学生的回答让笔者很吃惊,部分学生说,没有被感动;部分学生说,只是有所触动,感动还谈不上。为何会出现教学预期与教学实际相反的情况?是笔者的授课出现了问题,还是当下学生对

---

① 普通高中教科书·语文必修(下册)[M].北京:人民教育出版社,2023:72-73.
② 严羽.沧浪诗话(诗辨)[M].北京:中华书局,1988:3.

于无疑处生疑

情感评判的价值标准发生了改变,还是另有原因,不妨首先听听学生的回答。

生1:我最不能理解的是这处细节描写:"吾妻归宁,述诸小妹语曰:'闻姊家有阁子,且何谓阁子也?'"小妹的提问有违常识,阁子随处可见,明清的建筑样式也大同小异,小妹的发问有悖常理,老师还要我们从中揣摩作者所表达的情感,有点勉为其难。

生2:我与生1的看法相同,当我在读到"娘以指叩门扉曰:'儿寒乎?欲食乎?'吾从板外相为应答。语未毕,余泣,妪亦泣",归母关心自己孩子的冷暖温饱,就像我们的父母亲关心我们一样,这些都是父母出于本能的反应,也没有什么特别令人感动的地方,实在难以激起我们的共鸣。

生3:前面两位同学分别谈到了有关妻子与母亲的细节,还有关于祖母的,也值得关注。祖母"持一象笏至,曰:'此吾祖太常公宣德间执此以朝,他日汝当用之!'瞻顾遗迹,如在昨日,令人长号不自禁",作者睹物思人,失声痛哭,是人之常情,但也没有必要"长号不自禁",这样情感表现是不是有点太夸张了?

细节源自于作者对生活的细微观察,作品中细节的展示应该是作者对生活和情感最真实的感知,但从学生的表述中,笔者感受到文本与学生之间的距离感、隔阂感。问题主要聚焦在两点:一是无从下手,一是无法下手。虽然归有光在作品细节处传达出了一种真实,但这些不能代替学生借助其作品来表达自己内心对作品审美真实的需求,学生与作者之间并没有很好地在心理上、情感上、审美上建立起同一性,当然就难以真正走入作者所创造的文学世界。

那么要解决这个问题的关键又在哪里呢?对于文中的细节描写,我们会不会没有找到正确的切口加以剖析?除了这些细节的刻画和情感的表达,学生的反应会不会与被删除的这段议论性文字有某种关联呢?带着这样的猜想,我们继续研读文本。

二、语境建构——共情共理

在实际教学过程中,笔者一直期待学生从现有文本细节入手去寻求突破困局的可能。可事与愿违,学生思前想后,在提出了诸多假设的可能之后,最终又回到了思考的原点。既然本文标题是《项脊轩志》,不管是作者本人、作者妻子,还是与归家有关的其他人事,所有的故事都应紧紧围绕项脊轩展开,那么,项脊轩理所当然成为了故事展开的源头,也成为了感情的源头。项脊轩对于归有光来说是何其重要,那么还有哪些与项脊轩有关的细节没有被我们关注,甚至被忽略了呢?带着这样的思考方向,学生再次关注项脊轩。

生4:"旧南阁子也。室仅方丈,可容一人居。百年老屋,尘泥渗漉,雨泽下注……又北向,不能得日,日过午已昏。"项脊轩其实就是一个破旧简陋的小阁子。"迨诸父异爨,内外多置小门墙,往往而是……"项脊轩还见证了归氏家族分崩离析的现实。

生5:作者对项脊轩怀有一种特殊的情感,不仅对项脊轩精心修缮,如:"余稍为修葺,使不上漏。前辟四窗,垣墙周庭,以当南日,日影反照,室始洞然。又杂植兰桂竹木于庭,旧时栏楯,亦遂增胜。"同时,这里还寄托了项脊轩有神明庇佑的自信与得意:"轩凡四遭火,得不焚,殆有神护者。"

在学生的眼中,项脊轩其实就是一间非常普通的小屋子,可正是这样一间破旧不堪、满目疮痍的小屋子,不仅见证了亲人历经的人生磨难,也见证了整个家族遭逢的兴衰变迁,归家早已是满目疮痍。项脊轩历经了这么多劫难,顽强地存留了下来,最终成为了归有光学习生活的主要场所。这一切对于归有光来说似乎是冥冥中注定,于是从搬进项脊轩的那天开始,他就主动承担起了重建项脊轩的重任,他要让项脊轩重新焕发出生命活力。

此时,如果我们能将那段被删除的议论文性文字还原到文本中,从这段个人自白式的文字中,我们还可以进一步读出些什么呢?比

于无疑处生疑

如,作者在回忆祖母时,为何会"长号不自禁"？其实这背后不能简单地理解为归有光对祖母的追思,"象笏"所承载的是归家往日的荣光以及祖母对自己重振门楣的期待,因此"长号"的背后其实还蕴含着作者面对肩上重担与当下尚未有所建树之差距的哀痛。再比如妹妹对项脊轩的好奇,我们可以想象一下归妻在与妹妹的交谈中,会把项脊轩描述得多么美好,这势必就激起了妹妹对项脊轩的好奇,虽然事实情况并非如此。从《请敕命事略》中我们也能看到,由于妻子在娘家面前对丈夫的维护,以至于妻子的母亲直到她病重来探望时才"以为姐何素不自言,不知其贫之如此也"[①]。而妻子不仅是在娘家面前维护夫家的体面与尊严,她在归家后将这段小妹的话转述给归有光听,又何尝不是对他的一种鼓励和宽慰呢？归妻在娘家人面前所说的一番"假话",对于归有光来说,却是一番满含真情的"真话"。面对如此善良体贴的妻子,归有光怎能无动于衷！丈夫于是怀着爱恋和愧疚的复杂心情将这些片段真实地写进了文字中,让妻子的"假话"成为了归有光笔下真诚的纪念。在这样的真实情境关照下,夫妻之间的情感便悄无声息地从作者的笔端流溢出来,既合情也合理,学生对作品的接受与肯定自然而然就产生了共鸣,这样的真实感才能更贴近人心。

毫无疑问,借助这段议论性文字所建构的完整语境和逻辑线索,可以还原作者内心真实情感的多层性,还能为学生与作者进行深入的情感交流创设有利条件。我们可以借此推导出种种细节背后情感继续生发的可能,让其更加顺理成章,也让学生能心悦诚服地接受。如果缺失了这段文字,之前师生对作者感情的把握都太过于表层和肤浅。因此,大家一致觉得这段议论性的文字还是不删为好,它恰恰是把握作者情感的一把关键钥匙,看似突兀的一段文字,对于学生把握作者情感却是一种必要的提示。

---

① 归有光.归震川全集[M].上海:国学整理社,1936:313.

三、文本调整——情感导向

学生随即又提出新的质疑,难道编写者不知道这点吗?为何部编版教材还是要将其删除,这又该作何解释呢?对此大家纷纷发表自己的意见。

研习中,最有代表性的学生看法是,如果把这段议论性文字还原回省略号处,所处的位置似乎有所不妥,因为它会将原本连贯的场景描写和情感表达生硬隔断。编者把这段"不合时宜"的议论性文字删除之后,给我们带来的观感是,文章反而成为了一个有机的整体,作品的顺畅度得以体现,尤其是三位女性的形象浑然一体。因此,删除议论性的文字有其合理性!

于是,又有学生提出了自己的见解,如果要两全其美,为何不将此段文字调整安排到文章最末,作为总结性的文字来收束全文呢?这样既可以保证表达的流畅统一,也可以保证画面的完整协调,还可以借此深化主旨、升华情感。那么,这样的假设是否合理呢?为了证实这个推测的可行性,笔者查阅相关文献资料,发现整篇文章其实分为两个阶段完成,正文部分写于明朝嘉靖三年(1524),这一年作者才17岁,正处于青春年少的斗志昂扬的人生阶段;而补文部分,则作于嘉靖十五年(1536)作者29岁时,当时作者屡试不第,直到35岁才中举人。这就证明了我们当时的猜想,《项脊轩志》其实分别作于两段不同人生时期。作者在构思时,基于时间顺序的因素来安排写作内容,将补叙部分安排在议论性段落之后也是一种必然。

既然如此,有学生继续提出这样的构想:文章补叙部分完全可以独立成文,又何必在之前的正文部分续接上去呢?独立成篇的两篇文章又可以互为统一形成一个整体,这样岂不甚好?在这个问题上,学生间又形成了两种不同的观点——一方的观点是:从整体一致性角度考虑,不管这段议论性文字安排在现有位置还是调配到文末,其实这篇文章的主旨和作者感情,都是一脉相承的。哪怕将补文

于无疑处生疑

独立成篇,也是同样的写作效果。另一方的观点却与之相对:既然是补文,成文于不同的年龄阶段,那么对自己的人生境遇自然就会有不同人生感悟,作者之所以未将补文独立成文,而是依附在正文之后,自有其考量。对此,学生还做了以下一番陈述。

生6:作者会不会有意用议论性文字将两处不同阶段的人生感悟做了分割,这是否也给我们一种提醒和暗示呢?

生7:虽然都是作者回忆,但此时写和彼时写毕竟有很大的不同,这是文章中隐藏的另一重更大的语境。如果大家不考虑这样的语境,那么我们所看到的感情抒发未免会落入俗套。

生8:文中"然自后余多在外,不常居"这句话很值得思考,这表明作者已经搬离了生活多年的项脊轩,当初"余居于此,多可喜,亦多可悲"的复杂情感是否也会随着岁月的流逝慢慢沉淀在了作者的记忆中?

生9:的确如此,当我们拿补文与正文做比较时,明显可以感觉到作者的心灵发生了极大的变化,当年年少气盛的归有光在经历了一系列的人生境遇后,逐渐走向了成熟。

正是借助于这段议论性的文字,我们可以将作者的人生按照时间线划分为两段,姑且称之为青少年时期和中青年时期,处于两段不同的人生阶段,作者人生感悟怎会相同?而这个发展变化的人生阶段又为我们提供了另一个隐藏的语境,学生能从中隐约感受到关于作者人生历程的豁然领悟。"其后六年,吾妻死,室坏不修。其后二年,余久卧病无聊,乃使人复葺南阁子,其制稍异于前。然自后余多在外,不常居。"在这段表述中,我们可以看到作者对待项脊轩的态度已悄然发生了变化,从"室坏不修"到"复葺南阁子"直到"多在外,不常居",这样的变化是作者由青年迈入中年的过程,也是内心由大喜大悲充满信心到渐趋平淡的过程。可以想见,作者到而立之年后,难有年轻时期的欢乐和自在,更别提"爱说愁滋味"的兴致了。这样的人生感悟,更不是18岁的高中生所能领悟得到的。正如文末所刻画的场景:"庭有枇杷树,吾妻死之年所手植也,今已亭亭如盖矣。"简单的一幅画面,背后留下了多少让人值得回味的情愫,看似平静的一句话又蕴含着多少丰富的情感,这其中的悲欢离合只有经历过人生磨难的人才能读懂吧!

四、文本重组——情感升华

分析到此,我们回头再读此文,你是否被作者的真情所感动了?作者毫不避讳地在文章中对自己生活中的点滴细节做了真实记录,并将自己对家人的情感毫不保留地呈现在读者面前,我们是否也能沉静自己的内心,顺着作者的心路历程,通过文字来一次双方感情的接洽呢?或许你会觉得细节过于琐碎,这种琐碎甚至体现在人物一字一句的片段式表达上,这反而造成了把握情感的难度。或许你会觉得细节过于真实,真实的细节反而会增加文章厚实感,从而让你失去想象的空间,很难再找到缝隙并将自己的情感渗透其中。但是,我们可以通过与文本之间、与作者之间的对话去构建一个虚拟的真实场景,并从中寻找彼此之间的感情基点。而这个感情基点的构建,则有赖于构建一个完整详实的话语情境,让读者置身其中。从这个角度分析,"项脊生曰"一段议论最好不要删去,这段议论性的文字看似突兀,其实恰到好处地显示了作品行文的脉络;看似多余,却是归有光青少年时代的心声,与他此后的心态相比较而存在、相映衬而成趣。

从写作过程来看,《项脊轩志》有正补先后之分,分别进行一些局部分析,但更重要的是将它作为一个整体来把握,特别要致力于把握好正补两部分之间的关系,断然分作两截的讨论是没有必要的。因为事情很明显,如果没有那段与正文紧密联系、浑然一体的补文,则该文不过是一篇表现成就功名、重振家门的思想或仅仅抒写思亲悼亡的哀婉凄恻之情的普通文章,读者恐怕很难与之真正共情。正是从这前后反差的张力中,学生才能对作者的人生有更深切的领悟。

于无疑处生疑

而归有光本人在添写补文时并没有将当年过了时的心态删去,这正表现出他深通文理的大家风度。《项脊轩志》之所以脍炙人口传诵不衰的奥妙,很大程度上恐怕正在这正补的奇妙组合上。

人生是一个永远探索不完的课题,相通的人生体验最容易沟通作者和读者双方的思想和感情,甚至引起共鸣共振。高明的作者往往致力于调动读者参与的积极性,而决不会一味在那里自拉自唱,讲经说法,教训读者,自鸣得意。在这种情况下,如果能调动学生积极参与创造,将自己早已有之但不甚鲜明强烈的人生体验拿来印证或补充所读之文,你会感受到归有光的可信可爱。尤其在今天价值多元的现实世界里,还要思考如何才能让学生的审美观、价值观与古人所展示的情感世界对接并形成共鸣,实现古人和今人的价值重组,这点尤其值得深思!

教学流程

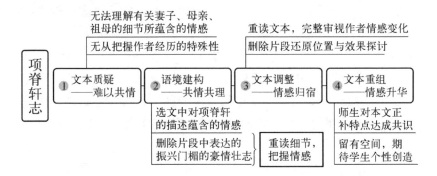

因文制宜

文中作者对三位女性的抒怀,虽情感真挚、隽永清宁,却大抵逃不出家族内部的"儿女之情"——无论是对祖母的缅怀、对老妪的怀想,还是对妻子的追思,都是一个个体生命对另一个有情感联系的个体生命所做出的感性回忆。而第三段,作者以守丹穴的寡妇清和高

真实的情感源自何处?

卧隆中的诸葛亮,与处败屋寒窗之下的自身相比附,其中当有自慨局促,却更有强调自我抱负之意。显然,第三段不仅不能删去,还是全文的点睛之处。本段的加入,实质是对全文情感的收束提升:将三位女性对我的期望,从家庭内部的儿女之情跃升至振兴家族的使命感,从而使作者的情感表达从儿女情长回归到了作为士人的立身修养——其中况味,蕴藉有致。

既然如此,可不可以把倒数第三段移至文末,作为本文的总结段呢?请结合以下知识链接思考。

[知识链接] 《项脊轩志》分两次写成。前四段写于明世宗嘉靖三年(1524),当时归有光17岁。在经历了结婚、妻死、不遇等人生变故后,作者于明世宗嘉靖十八年(1539),又为这篇散文增添了补记,即最后两段。

显然,结尾段绝不仅仅是对妻子的追思那么简单。亭亭如盖的枇杷树表面是对妻子的怀念,实则寄寓着作者人到中年时对人生的一种深沉的感慨。八次不第,加之家庭变故,此刻在作者心中盘桓的,更多的是对造化人生的无奈。至于早年的意气风发,恐已消散在记忆的尘埃中了。

有同学曾经提出另一种假设:既然本文经历了两次写作,作者的人生经历多有不同,不妨将本文分解成两篇文章:开头至倒数第三段构成第一篇,倒数第一、第二段构成第二篇。对此,你怎么看?

如果用现代文艺批评理论来分析,本文在题材内容上的处理,实则用了蒙太奇式的处理方法——通过将人生经历中的几个片段加以"剪裁拼贴",构成了如今这篇旷世流传的美文。而从对上述几个问题的思考中,我们不难体会,题材片段的"剪裁拼贴"并非简单堆积,而是蕴藏着拼贴者对人生历程的回顾、反思。往事可以拼贴,但人生情怀是不能拼贴的,因此文章写作的技法、结构、构思等外部要素要为文章整体性的"真情实感"服务——所谓"情动于中而形于言",正是此意。

于无疑处生疑

思维导览

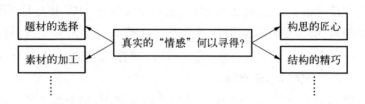

"情"之背后的智慧人生

——如何理解《陈情表》中的情感诉求

阅读导引

题目"陈情表"中的"情",你会做何解释?

此处的"情"当有"感情"之意,这是毋容置疑的。当李密说出"是臣尽节于陛下之日长,报养刘之日短也"时,我们每个人无不为他的拳拳孝心所动容。所谓"读李令伯《陈情表》而不堕泪者,其人必不孝",正是此意。

但这里的"情"仅仅指"感情"吗?请结合以下知识链接展开思考:

[知识链接1] 奏议类文章是古代臣属进呈给帝王的奏章的统称,包托奏、议、疏、表、对策等。《文心雕龙·章表》:"秦初定制,改书曰奏。汉定礼仪,则有四品:一曰章,二曰奏,三曰表,四曰议。章以谢恩,奏以按劾,表以陈请,议以执异。"[1]

[知识链接2] 《陈情表》收录于《文选》时题作《陈情事表》。

[知识链接3] 《文选》卷三十七"表"字下注:"谢恩曰章,陈事以表。"

字斟句酌

臣密言:臣以险衅,夙遭闵凶。生孩六月,慈父见背;行年四岁,

---

[1] 刘勰.文心雕龙[M].杭州:浙江古籍出版社,2001:120.

于无疑处生疑

舅夺母志。祖母刘愍臣孤弱，躬亲抚养。臣少多疾病，九岁不行，零丁孤苦，至于成立。既无伯叔，终鲜兄弟，门衰祚薄，晚有儿息。[不言母亲改嫁，却说舅逼迫母亲改变了守寡的志向。李密在这份表奏中用词造句可谓是费尽心思，这样的情况文中比比皆是，你能体会出作者当时的写作心情吗？作者为何要以这样的方式行文呢？]外无期功强近之亲，内无应门五尺之僮，茕茕孑立，形影相吊。而刘夙婴疾病，常在床蓐，臣侍汤药，未曾废离。

逮奉圣朝，沐浴清化。前太守臣逵察臣孝廉；后刺史臣荣举臣秀才。臣以供养无主，辞不赴命。诏书特下，拜臣郎中，寻蒙国恩，除臣洗马。猥以微贱，当侍东宫，非臣陨首所能上报。臣具以表闻，辞不就职。诏书切峻，责臣逋慢；郡县逼迫，催臣上道；州司临门，急于星火。臣欲奉诏奔驰，则刘病日笃；欲苟顺私情，则告诉不许：臣之进退，实为狼狈。[《晋书·李密传》中有这样一段记载："密有才能，常望内转，而朝廷无援，乃迁汉中太守，自以失分怀怨。"从这段文字中，你对李密接二连三地拒官又会产生怎样的联想？是作为旧朝遗臣的观望疑虑，还是坚守名节的执着，还是有其他的补充见解？]

伏惟圣朝以孝治天下，凡在故老，犹蒙矜育，况臣孤苦，特为尤甚。[李密为拒官找到充足的理由，它站在了伦理道德的制高点为自己辩护。同时又在为晋武帝歌功颂德，粉饰道德仁义，一石二鸟。]且臣少仕伪朝，历职郎署，本图宦达，不矜名节。今臣亡国贱俘，至微至陋，过蒙拔擢，宠命优渥，岂敢盘桓，有所希冀。[对晋以"圣朝"相称，对己言称"亡国贱俘"，其耿耿忠心，昭然若揭。既然如此，又何必再三强调李密入朝为官艰难的政治处境呢？在这样的背景预设下去分析李密的形象，是不是刻意拔高了其"尽孝"的嫌疑？]但以刘日薄西山，气息奄奄，人命危浅，朝不虑夕。臣无祖母，无以至今日；祖母无臣，无以终余年。母、孙二人，更相为命，是以区区不能废远。

臣密今年四十有四，祖母今年九十有六，是臣尽节于陛下之日长，报养刘之日短也。[李密采取的策略深得晋武帝的赞许。在彼此满意的同时，也为我们留下了许多值得深刻反思的地方。比如，李密在成就自我忠孝的同时，能算得上是一位有志气有骨气的名士吗？还是一位只会卑躬屈膝、谨小慎微、善于钻营的士子，对此你有何评价。]。乌鸟私情，愿乞终养。臣之辛苦，非独蜀之人士及二州牧伯所见明知，皇天后土实所共鉴。愿陛下矜愍愚诚，听臣微志，庶刘侥幸，保卒余年。臣生当陨首，死当结草。臣不胜犬马怖惧之情，谨拜表以闻。①

教学现场

"读诸葛孔明《出师表》而不堕泪者，其人必不忠；读李令伯《陈情表》而不堕泪者，其人必不孝；读韩愈《祭十二郎文》而不堕泪者，其人必不友。"②这是宋代学者赵与时在《宾退录》卷九中的一段文字，这段文字均从"情"字入手评价了三篇文章的阅读价值。

虽然上述说法有点夸张，但他却点出了《陈情表》所承载的文化观念——孝。古往今来，世间以"孝"为主题的文章，又何止千万，这篇文章之所以成为流传千古的名篇，是不是如赵与时所言，就单凭一个"孝"字？这篇文章还有哪些与众不同的地方值得我们去品味、反思呢？带着这些疑问，我们共同走进文本一探究竟。

一、情为何物

笔者在教学过程中，有一道绕不过的"坎"——在分析文本时，每每要首先介绍本文写作的时代背景，如果没有背景资料的支撑，似乎很难将学生引入到理想的学习状态中。可常常事与愿违，在介绍完背景资料后，学生在研读课文时就会表现得索然寡味，毫无兴趣。问其原因，学生会异口同声回答，这篇文章无非就是在找各种理由告诉晋武帝，自己在面对忠孝两难全的抉择时，要以尽孝为先，然后再来尽忠！文章学完之后，学生除了非常佩服作者缜密的逻辑思路和精美绝伦的说辞，很难在情感上与作者产生共鸣，更无法达到赵与时所言之境界。

---

① 普通高中教科书·语文选必(下册)[M].北京：人民教育出版社，2022：70-72.
② 赵与时.宾退录[M].上海：上海古籍出版社，1983：116.

于无疑处生疑

为何会出现这样的情况呢?在讨论过程中,学生纷纷表达了自己的观点。

生1:我想到在初中时曾学过一篇《出师表》,两篇文章同属一种文体。《出师表》主要体现了诸葛亮复兴汉室大业"北定中原"的坚定决心和对蜀汉王朝忠贞不二的品格。我觉得这两篇文章有很多相似的地方,从感情内容上看,《出师表》表达的是"尽忠",《陈情表》表达的则是"尽孝"。

生2:我同意上面的说法。我们今天所学的《陈情表》叙写了作者为了照顾重病在床的祖母而冒着身死殒命的危险,委婉拒绝晋武帝的征召,这背后所表现的正是作者对祖母的一片孝心。

但与此同时,有学生提出了不同的想法。主要从两个层面分析,一是对"情"字的分析,一是对文体的辨析。

生3:对题目中"情"的解释,既可以解释为感情,也可以解释为实情。文章中大量记叙了作者从幼年到成年的往事,这些事件的核心都紧紧围绕着祖孙二人相依为命的悲惨境遇展开,而作者之所以详细记载这些实情,无非就是为了达到他的目的——拒官。从这个角度说,"情"解释为实情更符合作者写作的本意。

生4:我之所以没有能和作者产生情感上的共鸣,还有一个很重要的原因,在于它独特的文体,因为它是一篇"表"。"表"是臣下对皇帝上书、言说事情并请求批准的文体。既然如此,那么我们是否应该这样解释题目的含义:作者因需要在家赡养重病卧床的祖母而不能到朝廷任职,故逐一陈述其难以赴任的理由,恳请得到晋武帝的批准。

经过上述一番讨论,我们发现学生会产生不同的阅读感受,甚至不能和教师的教学预期相匹配,这其中还是有很多原因可以追溯的,尤其是学生基于文体特征的分析,更是基于尊重文本的客观考量。

但我们也不得不思考,《陈情表》是否只是一篇向皇帝上书的公文呢?在基于作者陈述实情的同时,我们又该如何去解读其中所蕴含的"孝"情呢？

二、情真意切

在教师的启发引导下，全班学生再次细读文本，期待在作者陈述实情的过程中，寻觅到一些蛛丝马迹，借以探究实情背后所蕴藏的真实情感。

生5："臣以险衅，夙遭闵凶。生孩六月，慈父见背；行年四岁，舅夺母志。……臣少多疾病，九岁不行，零丁孤苦，至于成立。既无伯叔，终鲜兄弟，门衰祚薄，晚有儿息。"从这段文字中，我看到了作者成长的历程，幼年丧父，母亲改嫁，体质衰弱，门衰祚薄，作者活得很辛苦，过得很艰难，联系我们今天的生活，不禁对他的遭遇深表同情。这样的遭遇对于一个孩子来说实在是太不幸了，而作者在祖母的呵护下，顽强地挺了过来。"祖母刘悯臣孤弱，躬亲抚养……"作者是怀着极大的悲痛写下这段文字的。

生6："而刘夙婴疾病，常在床蓐……"从这段文字中，我看到祖母刘氏自己身体也不是很好，一手带大李密非常不易，李密本以为日后自己事业有所成就，可以让祖母颐养天年，却不曾想到祖母身体每况愈下，终日和汤药打交道，这怎能不让作者心酸、心疼。"臣侍汤药，未曾废离。"作者不离不弃，一直陪伴在祖母左右，让人为之动容。

生7："臣无祖母，无以至今日，祖母无臣，无以终余年。母、孙二人，更相为命，是以区区不能废远。"从这句话中，作者非常真诚地告诉我们，祖孙之间经历了这么多的磨难坎坷之后，他们之间建立了不可分割的深厚感情。支撑着祖母活下去的精神支柱，就在于她还能感受到作者陪侍在自己身边的那颗孝心。李密的倾心付出，这份责任和担当是其他人所无法取代的。

生8："臣密今年四十有四，祖母今年九十有六，是臣尽节于陛下之日长，报养刘之日短也。乌鸟私情，愿乞终养。"作者在此处用了近乎卑微的姿态,向晋武帝乞求尽孝,他采用了一个不是办法的办法,虽然这样的方法显得如此笨拙,但是却很真诚,这或许才是打动晋武帝的真正原因。

以上四点分析,让学生发现作者并不是简单地对晋武帝卖惨、哭诉,以求获得情感上的怜悯。相反,李密在陈述实情的过程中,建立起了一个合理有序的话语环境,通过真实、自然而有条理的层层预设和分析,来达到自己陈述的目的。比如:第一部分侧重于悲苦个人境遇的事实陈述;第二部分侧重于现实两难抉择的事实陈述;第三部分侧重于对朝廷尽忠的事实陈述;第四部分则侧重于最终写作目标的事实陈述——先尽孝后尽忠。可以说这四个方面的实情陈述井井有条,层层推进,最后水到渠成。作者情感的抒发,也正是在这样的合乎事理的语境中生成,因而作者情感的表达并不是我们想象中那么单调乏味,而是非常细腻真实,现归纳总结如下(表13):

表 13 作者情感表达抒理

情感抒发	事 实 呈 现
苦情	生孩六月,慈父见背;行年四岁,舅夺母志;臣少多疾病,九岁不行,零丁孤苦
恩情	祖母刘悯臣孤弱,躬亲抚养;刘夙婴疾病,……臣侍汤药,未曾废离
真情	臣无祖母,无以至今日,祖母无臣,无以终余年。母、孙二人,更相为命,是以区区不能废远
私情	是臣尽节于陛下之日长,报养刘之日短也。乌鸟私情,愿乞终养
实情	先尽孝后尽忠

在这四段内容中,作者边叙述事理,边抒发情感。叙事的成分占据了主体,而抒情的成分则或隐或显地融入在了叙事之中,是一种自然而然的真情流露。纵观全文,既有叙事的厚度,又有抒情的温度,

把作者尽忠还是尽孝的两难境地描绘得入情入理。

三、情非得已

也有学生提出质疑,李密自幼便与祖母相依为命,可为什么在前朝(蜀汉时期)没有以祖母"夙婴疾病"为由拒绝出仕,而如今却找各种理由来推脱呢?这不是自相矛盾,难以自圆吗?所谓的"尽孝",似乎成为了作者拒绝入仕的借口和手段,这样的孝情有变味的嫌疑。为了证明这样的想法,学生们还从文章中找出了几处关键信息,来佐证自己的看法。

生9:我认为最直接有力的证据就是这句"伏惟圣朝以孝治天下",李密在写这篇表的时候,就是将"孝情"作为陈述理由最关键的一条标准。因为,这是晋武帝所提倡的治国之道——我奉养重病在床的祖母,不正是在践行您的治国策略吗?李密很聪明,他抓住了解决问题的关键,将尽孝与尽忠在理论和实践上得到了统一。因此,作者必须围绕"尽孝"来选材和组材,并大做文章,也就成为必然。

生10:另外,我想从作者当时的现实处境分析。晋武帝接连下旨征召李密,但李密一直推脱,以至于后文出现了这样一段颇值得玩味的话:"诏书切峻,责臣逋慢。郡县逼迫,催臣上道;州司临门,急于星火。"可想而知当时的局面多么急迫。如果此时,李密再不看清形势,做出合理解释,那么他的处境就真的非常危险了。

生11:的确如此,我还想把"臣具以表闻,辞不就职"与上面的话连在一起加以分析。我认为这句话"臣具以表闻"所提及的表,此"表"非彼"表"。在写本文(《陈情表》)之前,李密应该还写过一封表,而且可以断定之前那篇表应该是失败的,否则不会再次招致"责臣逋慢"的严重后果。于是,作者不得不再次写了这篇《陈情表》。而重写的这篇《陈情表》必定出现了"前陈情表"中未曾出现或者未加以强调的内容,恰恰是这个内容让晋武帝恩准他"辞不就职"。那么,这个核心内容是什么呢?就是作者反复强调的"孝"。"孝"成为了辞官的最

于无疑处生疑

有力的理由。

以上几位同学的分析,再次强调了作者更多的是从自己当时的危险处境出发,李密为了表明自己的立场——拒官,而不得不围绕"孝情"大做文章。因此,学生再次强调,我们在读解文本时,不要将这份"孝情"过分地人为拔高,而应该回到李密写作时的原始状态,才有可能真正读懂文本所要表达的东西。

四、情何以堪

那么,作者写作本文的原始状态又是怎样的呢?作者是从头至尾坚决拒绝晋武帝的征召吗?作者在做出拒官这一决定时,背后又有着怎样的考量呢?带着这些困惑,我们再一次走进文本。

生12:首先,我发现了作者对两个朝代的不同称呼,作者公开称自己"少仕伪朝",而把晋朝称为"逮奉圣朝""伏惟圣朝",这样的称呼已经非常鲜明地表明了自己的态度,作者又何必遮遮掩掩用这样的借口拒绝入朝为官呢?

生13:在面对晋武帝时,作者已经言必称臣,我数了一下,一共出现了27处"臣"的称谓,可以说在面对晋武帝时,李密已经把自己当作晋朝的臣子。既然这样,他为何还要一边称臣讨君王的欢心,一边拒官惹怒晋武帝呢?

生14:还有最后一段这句"臣生当陨首,死当结草。臣不胜犬马怖惧之情,谨拜表以闻",作者甚至赤裸裸地向晋武帝表达了自己的忠心,我觉得李密在为人处事上非常虚伪。所谓的尽孝,其实就是一个幌子,只要晋武帝答应了李密尽孝的请求,双方就能共赢,这不就是两全其美的好事吗?一个可以换得"尽孝"的美誉,一个可以得到"仁义"的美名。

笔者已经很强烈地感受到了学生心中种种的困惑,李密在言行上的矛盾,不仅不能为自己"孝子"的形象加分,反而在众人面前树立了一个迎合晋武帝的伪君子的形象。笔者借此对学生提出了一个新的质疑,难道李密在写下这些文字的时候,他不知道众人对他的质疑吗？假设李密知道会有这样的后果,那么他为何依旧采取这样的做法,这样做值得吗？在不断的质疑中,学生在对文本的分析中不断产生新的思考点。

在查阅历史资料时,我们不妨将李密与当时另一位伟大的文学家"竹林七贤"的领袖人物嵇康的境遇做一番对比。在司马昭篡权后,只念旧朝的嵇康坚决不愿与司马氏合作,从而招致忌恨。当他的好友山巨源向朝廷推荐他做官时,他毅然写下了《与山巨源绝交书》,以表明坚决不与司马氏合作的心志。司马昭怎能容忍嵇康如此狂放不羁,藐视新政,于是下令将嵇康处死。从公元249年杀曹爽,到公元255年杀镇东大将军毌丘俭,"魏晋之际,天下多故,名士少有全者"①。司马炎建立晋朝后,为巩固自己的政权,极力笼络有声望、有实力的前朝旧臣,笼络不成,就设法除去,以达到不为我用也不许为我害的目的。李密也正处于那个特殊的历史时期,他的身份本就是蜀汉旧臣,在当地也是一位颇有威望的孝廉"名士",司马炎对其也是青睐有加,李密自然成为了晋武帝涉猎的对象。如果李密步嵇康后尘,估计我们今天也就读不到《陈情表》了,于是李密要想一个万全之策,既能自保,又不得罪晋武帝。

司马炎在泰始四年(268)颁布了一系列国策:"一曰正身,二曰勤百姓,三曰抚孤寡,四曰敦本息末,五曰去人事。"②尤其是第三条,正好与《陈情表》中所说的"伏惟圣朝以孝治天下"的陈述相吻合,这不能不说李密的心思缜密,这一条国策也是他名正言顺向司马氏集团请辞的理由。在家尽孝,为国尽忠,被公认为士人最高的典范。李密在《陈情表》中阐述了自己先孝后忠的理由,不正是他聪明才智的最佳体现吗？

---

① 樊玉冲.皇家藏书·智品[M].北京：中国戏剧出版社,2000：100-101.
② 晋书卷三·武帝纪[M].金陵书局,同治十年.

五、情归何处

那么,我们应该如何正确评价李密的《陈情表》呢?赵与时所言"读李令伯《陈情表》而不堕泪者,其人必不孝",真的就是正确的吗?有没有别的值得我们去反思的东西,让我们能从中学习、体会和感悟呢?

经过之前的层层剖析,学生对李密的一片孝心仍持肯定态度,文中的每一个字、每一句话,甚至是每一个细节,都渗透着李密对祖母尽孝的一份诚意,读来让人唏嘘不已。但我们也不得不看到另一个残酷的现实,在司马政权的威逼与胁迫下,李密为了维护封建士大夫的人格尊严,万般无奈之下只得动用"孝情"作为拒官的托辞,"孝情"竟然成为了制胜的法宝,这多少有点让人大跌眼镜。学生也一直在思考并追问一个问题,难道李密没有别的办法了吗?而笔者想说的是,一定有,但不一定有用。难道晋武帝就看不出李密的心思吗?可晋武帝最后会答应李密的请求,不就在于李密说的理由正是晋武帝治理天下、维护天下安定最好的国策吗?用孝来绑架天下人,用忠来束缚天下人,这样的仁义之术比任何阴谋诡计都要好上不止千百倍。晋武帝这次爽快地答应了李密,正是李密看透了当时的政治形势,瞅准了晋武帝的政治企图,以"孝"这个魏晋之际最敏感的政治语言向晋武帝提出自己的要求,晋武帝司马炎就不得不答应李密辞官不就的请求。

其实,在李密这些尽忠尽孝的感人文字的背后,我们又能读出多少李密心中的无奈和感慨之情啊!

中国封建知识分子身上承载了太多的"道义至上"的痕迹,然而他们作为一个基本的人,在人性上的基本需求却被忽视了。李密作为一位封建士大夫,为我们展示了他身上与众不同的另一面,那就是在"时不我与"的局势下,既能守持自己不愿与新政合作的节操,又能在强权面前保全自己的"中庸"之路。在大是大非面前,我们的确需要一种品格和道义上的坚守,但在某些时候,如果可以在保全尊严与气节的时候,又能做到圆融变通,发挥自己的智慧和机变去达到自己的目的,这未尝不可。反之,如果一味守刚求强,则势必会尖断身折,做无谓的牺牲,给世人留下一声叹息。

我们通过这篇文章的学习,也不得不承认一个现实,不管是哪朝哪代,何人称帝称王,对"孝"的坚守与传承,都是我们中华民族一直以来所提倡的优秀文化传统,过去如此,今天也是如此,所以赵与时没有说错,读《陈情表》而不堕泪者,其人必不孝,只是当我们在落泪时,也不得不好好感悟李密写此文所传递的人生智慧,这或许也是此千古名篇历久弥新的价值所在。

教学流程

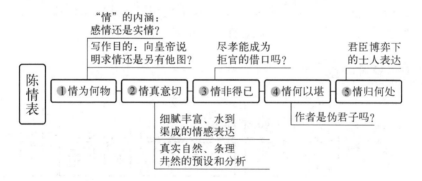

因文制宜

《陈情表》的文体是"表",属奏议性文体,是古代臣子进呈给帝王的一种奏章。请注意,《文心雕龙》对表的解释并非"陈情",而是"陈请",即将心中的陈述请托于皇帝。同时,《陈情表》原名《陈情事表》,"情事"即情况说明、事件说明,也与"陈请表"所含之意相一致。

因此,"陈情表"中的"情"并非情感的"情",而是"请";表作为一种实用性文体,主要还是将自身的诉求、心迹诉诸帝王,也非以抒情

于无疑处生疑

见长。

带着这些收获,再次阅读文本,你便会发现《陈情表》中的"情"实质是"实情"之意。全文以作者的身世经历和现实遭遇为线索,徐徐铺展,展现了李密的过往遭遇与现实境况。正因过往遭遇如此艰辛,才显得如今的选择是多么的两难,李密用铺叙的细腻笔触,将请求晋武帝暂缓征召的"人生实情"娓娓道来。

感情在表,实情在里,"感情"与"实情"的表里结合,实为"情"与"理"的有机交融。但两者亦有区别,"感情"的脉络是一种基于感性的渲染和铺垫,而"实情"才是李密真正的写作目的:想要说服和打动帝王。

可见,文体性质往往会决定文本解读的方向。在阅读实用性文本时,我们切勿因忽略文体而造成解读重心的偏离。对此,我们首先要精准理解文体,不可望文生义,任性解读;其次,我们要梳理文体对内容的要求,并从文体的规定性要素出发,准确走进文本。

思维导览

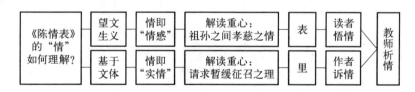

历史的表里

——从鸿门宴上项羽不杀刘邦说起

📖 阅读导引

在学习《鸿门宴》的过程中,学生对项羽前后不一的表现产生了质疑,有学生说,项羽摆了一场鸿门宴看似要剿杀刘邦,背后其实另藏玄机。那么,鸿门宴究竟是一场各集团之间利益争斗互相搏杀的集中爆发,还是只是项羽集团为了展示个人"肌肉"而做出的"政治作秀"呢?今天,我们就从一代枭雄项羽入手,结合与之相关人物,来谈谈这个有趣的话题。

📖 字斟句酌

一、项羽和曹无伤

片段一:

沛公左司马曹无伤使人言于项羽曰:"沛公欲王关中,使子婴为相,珍宝尽有之。"项羽大怒[曹无伤背叛刘邦,自视为项羽军内应,从中作梗,曹无伤似乎成为了项刘交战的一枚重要棋子,可曹无伤为何要背叛刘邦,文中并无交待。],曰:"旦日飨士卒,为击破沛公军!"①

片段二:

"……今者有小人之言,令将军与臣有郤。"项王曰:"此沛公

---

① 普通高中教科书·语文必修(下册)[M].北京:人民教育出版社,2023:13-16.

左司马曹无伤言之，不然，籍何以至此？"①[项羽在面对刘邦质问时，没有任何迟疑，就主动把曹无伤出卖了。那么，曹无伤在项羽眼中究竟处于怎样的地位呢？你会不会对之前的项羽大怒产生怀疑，他是真的大怒还是逢场作戏另有企图？]

  从片段一和片段二的比较中，你感受到项羽对曹无伤值得玩味的态度了吗？在鸿门宴中，面对刘邦的质问，项羽没有丝毫迟疑，便把曹无伤出卖了，这一切表明了项羽不曾将曹无伤视为亲信内应；但在文章一开始，项羽又为何听信曹无伤的告密而大怒呢？你如何看待项羽对曹无伤如此微妙的态度？

二、项羽和范增

片段一：

范增说项羽曰："沛公居山东时，贪于财货，好美姬。今入关，财物无所取，妇女无所幸，此其志不在小。吾令人望其气，皆为龙虎，成五采，此天子气也。急击勿失！"②

片段二：

范增数目项王，举所佩玉玦以示之者三，项王默然不应。③
[项羽究竟是否视范增为心腹？从这两个片段中，似乎能读出不一样的答案。对此，你怎么看？]

三、项羽和刘邦

片段一：

沛公军霸上，未得与项羽相见。沛公左司马曹无伤使人言于项羽曰："沛公欲王关中，使子婴为相，珍宝尽有之。"项羽大怒，曰："旦日飨士卒，为击破沛公军！"④

---

① 普通高中教科书·语文必修（下册）[M].北京：人民教育出版社，2023：13-16.
② 普通高中教科书·语文必修（下册）[M].北京：人民教育出版社，2023：13-16.
③ 普通高中教科书·语文必修（下册）[M].北京：人民教育出版社，2023：13-16.
④ 普通高中教科书·语文必修（下册）[M].北京：人民教育出版社，2023：13-16.

片段二：

今沛公先破秦入咸阳，毫毛不敢有所近，封闭宫室，还军霸上，以待大王来。故遣将守关者，备他盗出入与非常也。劳苦而功高如此，未有封侯之赏，而听细说，欲诛有功之人。此亡秦之续耳，窃为大王不取也！"项王未有以应，曰："坐！"樊哙从良坐。坐须臾，沛公起如厕，因招樊哙出。①

［项羽对刘邦的态度值得细细品味。项羽本可直接杀刘邦，为何会设宴款待，以这样大费周章的方式来"多此一举"呢？当项羽听到曹无伤的告密之后，项羽先是勃然大怒，想立刻捉杀刘邦；但在鸿门宴的最后阶段，刘邦借如厕逃脱，项羽不仅默许，更没有看到他情绪上的波动，反而显得出奇地冷静。对此，你如何看待？］

四、项羽对自己

镜头摘选：

项羽大怒，曰："旦日飨士卒，为击破沛公军！"

项王曰："此沛公左司马曹无伤言之，不然，籍何以至此？"项王即日因留沛公与饮。

范增数目项王，举所佩玉玦以示之者三，项王默然不应。

项王未有以应，曰："坐！"樊哙从良坐。坐须臾，沛公起如厕，因招樊哙出。

项王则受璧，置之坐上。②

［鸿门宴是项羽和范增一手策划的，其中用心不言自明。但在此过程中，项羽前后思想发生了翻天覆地的变化，为何这样的变化会来得如此突然？有学生认为，这是项羽的性格使然。那么你是否同意这样的分析？对此，你还会做出一番怎样的推测分析呢？］

教学现场

按照事先约定，"先入关破秦者，王之"，可偏偏刘邦率军先于项

---

① 普通高中教科书·语文必修（下册）[M].北京：人民教育出版社，2023：13-16.
② 普通高中教科书·语文必修（下册）[M].北京：人民教育出版社，2023：13-16.

于无疑处生疑

羽入关。面对现状,项羽怒火中烧,与秦军主力鏖战的是他,可坐收渔人之利的却是刘邦。巨鹿一战后,项羽功盖天下,天下人人信服听从,项羽的野心早已人尽皆知,他怎能接受刘邦"王关中",刘项集团之间的冲突一触即发。

一、理解与接受

阅读全文之后,学生对项刘二人的形象给出了两种截然不同的评价:刘邦是一位老谋深算的政治家,而项羽只能称之为莽夫,他的行为幼稚,甚至愚蠢。

学生为什么会有这样的评价呢?不妨从文本入手,寻找蛛丝马迹,以求得印证。首先,学生感触最深的是项羽情绪化的表现。当叛徒曹无伤告密:"沛公欲王关中使子婴为相,珍宝尽有之。"范增乘势火上浇油:"今入关,财物无所取,妇女无所幸,此其志不在小。吾令人望其气,皆为龙虎,成五采,此天子气也。急击勿失。"先后两次言说叠加了项羽的怨怒,他当即决定要对刘邦采取军事行动。学生认为这样重大的决定,只是建立在听信了一两个人的说辞之上,行为本身就很盲目冲动,显得不理性、不成熟。其次,项羽毫无政治头脑,缺乏远见。学生在逆推历史,追溯项羽失败原因的过程中,都会有这样的感觉,没有在鸿门宴上杀刘邦,就是项羽一生中最失败的一次决定,放虎归山的结果是反遭其害。在军事政治斗争中,妇人之仁不是一位政治军事家应有的表现。尤其是面对项伯的劝辞,更显得其愚蠢。"今人有大功而击之,不义也。不如因善遇之。"在项伯主动斡旋下,他对刘邦的辩护,竟然没有引起项王丝毫怀疑,甚至还爽快地做出了许诺。项羽任人唯亲,痛失良机,这种前后矛盾的做法,让学生觉得不可思议,这样一位将军怎能成为未来的掌权者?

然而,也有学生对此持审慎态度,不能因为对刘邦态度的突然转变就贸然评判他是一个愚蠢至极的匹夫。试想,对于这样一个对自己成就帝王之业构成威胁的心腹大患,他怎么可能不知道事情的严重性？因此，我们需要回到历史现场，拨开迷雾，对项羽的形象来一次重新认知和建构，去探寻其成败得失背后的原因。

二、质疑与实证

我们对文本再次进行梳理，进一步寻找能佐证自己观点的依据。对项羽形象始终持否定批判态度的学生，通过文本对比，发现了以下几处依据，来证明他们的观点。

首先，项羽在盛怒之下，竟然没有发现曹无伤和范增二人在陈述事实时，明显存在着矛盾。曹无伤告密，言说刘邦"欲王关中，使子婴为相，珍宝尽有之"。可范增却说"今入关，财物无所取，妇女无所幸，此其志不在小"。两人所陈述的内容，截然相反，一个说"尽有之"，而另一个却说"无所取"。曹无伤无非是想要告诉项羽，刘邦贪得无厌，想把胜利果实占为己有。而范增的意图则是将刘邦今日与过去的行为做对比，以今日反常的行为来突出刘邦所图并非钱财，而在天下。虽然两人的目的是相同的，想借助挑拨项羽和刘邦的关系，来达到各自的目的。但作为当事人，在面对事实存有矛盾的情况下，首先应该做的是调查真相，而后再做出相应的决策，绝非草率决定攻打刘邦。项羽当时迅速做出军事回应，更多地应解读为意气用事。

其次，项羽之所以放走刘邦，转折点就在于项伯替刘邦求情。学生将项伯的行为与曹无伤的告密做了一番对比，他俩所作所为，虽有质的区别，但学生却认为，项伯实为一名叛徒。项伯突然深夜造访刘邦军营，虽说是为了报答当年张良的救命之恩，却无意间提前暴露了消灭刘邦的军事意图，严重损害了项羽集团的利益，项伯的过错何其严重。不仅如此，"项伯复夜去，至军中，具以沛公言报项王"，主动充当刘邦的说客，尤其是那句"今人有大功而击之，不义也"，这句话看似关心项羽，维护项羽，却直接让项羽背负起了道义的枷锁，从而失去了击杀刘邦的最佳时机。由于项伯身份特殊，"项伯者，项羽季父也"，项羽对本家长辈的话竟没有半点怀疑。在项羽的内心，足智多

于无疑处生疑

谋的范增,竟不如籍籍无名的项伯。自从项梁于定陶战败而亡后,项伯作为宗族之长,项羽自然对他的话洗耳恭听,项羽被亲缘和血缘关系所蒙蔽,直接导致在用人和决策上出现了重大偏差。这样一位偏听偏信、不懂得把握时机、不识大局的项羽,怎能不称之为愚蠢?许多学生为此扼腕叹息。

持不同意见的学生也表达了他们的声音。鸿门宴上,项羽没有击杀刘邦,不仅证明了项羽趋于理性冷静的一面,更表现了他重情重义的一面。

首先,项羽从最初的盛怒变为平静,前后态度截然相反的变化正是项羽恢复理智的最好证明。由于"怀王与诸将约曰:先破秦入咸阳者王之"①,既然有约定在先,而且刘邦先于项羽入关已经成为了众人皆知的事实,项羽此时再去击杀刘邦,就是失信于天下,这样做的后果只能是弊大于利,即使最终项羽掌控天下,世人又会以何种眼光看待项羽?项羽有必要认真权衡。这是项羽明智的决定,怎么可以就此说项羽愚蠢呢?

其次,基于项羽、刘邦两军军事实力的对比:"当是时,项羽兵四十万,在新丰鸿门;沛公兵十万,在霸上。"②,这是项羽没有立即在鸿门宴上击杀刘邦的底气,项羽骨子里有一股傲气,他不屑于用这种胜之不武的手段去击杀刘邦。那么,项羽此时最需要的是什么呢?学生在梳理文本的过程中,发现司马迁在文中花了较大篇幅来描写刘邦对项羽阿谀奉承,司马迁这样写的目的又是为了什么呢?这不正说明,项羽需要的是面子工程吗!刘邦动不动就说自己的侥幸,时不时在项羽面前显示自己的虔诚。刘邦的示弱已经彰显了项羽至高无上的地位,项羽的目的已经达到,何不趁机给自己一个台阶下呢?于是,学生判断,鸿门宴的真实意图除了要安抚刘邦,也是项羽欲借此机会树立自己的威望。当第二天刘邦来到项羽军营请罪后,"项王即

---

① 司马迁.百衲本二十四史·史记(4)·本记[M].北京:商务印书馆,1936:94.
② 普通高中教科书·语文必修(下册)[M].北京:人民教育出版社,2023:13.

日因留沛公与饮",而刘邦也欣然接受提议。这场鸿门宴从头到尾都是两人冰释前嫌的战友聚会,怎能称之为一场刀光剑影的谋杀之局?

再次,如果刘邦已经预感到鸿门宴是一场阴谋,当面谢罪之后,完全可以借故立即离开,又何必要等到鸿门宴上再去送死呢?这样的做法不符合逻辑。学生在梳理故事情节时发现了两处地方,也都能提供一定的佐证。第一处,樊哙闯帐时怒斥项王"此亡秦之续耳,窃为大王不取也"而"项王未有以应";第二处,"项王曰:'沛公安在?'良曰:'闻大王有意督过之,脱身独去,已至军矣。'项王则受璧,置之坐上。亚父受玉斗,置之地,拔剑撞而破之。"①从项羽在事发时"未有以应",到项羽在事后"一问一受"的表现来看,当时项羽的态度始终保持着一种克制和冷静,这对于一位心高气傲的霸王来说,实在是难以想象的。项羽"反常"的表现,或许就是他深思熟虑之后做出的决定,这怎么可以说是项羽的冲动之举呢?这恰恰与范增的态度形成了鲜明的对比,气急败坏的不是项羽,而是范增。要杀刘邦的人,不是项羽,真正的主谋应该是范增。项羽采取这样的做法,与之前对项伯所应允的承诺正好相符。所以,这部分学生认为项羽是一个坦荡磊落、信守诺言的君子,而绝非愚蠢的匹夫。

通过上述两组激烈的争辩,学生在曲折故事情节的背后,发现如此丰富多彩的线索,这些线索错综交织,使得故事的发展变得扑朔迷离。回顾这个教学过程,学生对人物形象的分析也变得真实可感,从对人物性格的简单认知,到多维度透视,人物形象的挖掘不断往纵深发展,学生得出的结论也不断更新完善。

三、调整与完善

那么,项羽不杀刘邦,究竟是他不想杀,不敢杀,还是不能杀?曲折离奇的故事背后还有哪些因素被我们忽略了?让我们一起回到历

---

① 普通高中教科书·语文必修(下册)[M].北京:人民教育出版社,2023:16.

于无疑处生疑

史的现场,再度审视司马迁笔下的项羽的形象。

在《史记·高祖本纪》曾有如下记载:"秦富十倍天下,地形强。今闻章邯降项羽,项羽乃号为雍王,王关中。今则来,沛公恐不得有此。可急使兵守函谷关,无内诸侯军,稍征关中兵以自益,距之。"刘邦当时的确有欲王关中的企图,而且也这么做了:"函谷关有兵守关,不得入。又闻沛公已破咸阳,项羽大怒,使当阳君等击关。项羽遂入,至于戏西。"学生认为刘邦这样的做法实在不妥,为了维护自己既得的胜利果实,公然阻挡项羽部队入关,这无疑是对项羽的挑衅,刘邦当时已被利益冲昏了头脑,他高估了自己的实力,他才是那个愚蠢的人。可是,也有学生对此进一步提出质疑,难道刘邦真的不知道两军实力的差距吗? 这样莽撞的行为会招致什么结果,难道刘邦不知道吗? 于是,学生通过相关文本的补充,进一步发现,刘邦先于项羽进入函谷关,可以说是义帝等人有心促成,故意为之。在西征秦国之前,义帝曾与诸老将商议最佳人选,大家把项羽和刘邦做了一番比较:"项羽为人僄悍猾贼。……不如更遣长者扶义而西,告谕秦父兄。……今项羽僄悍,今不可遣。独沛公素宽大长者,可遣。"刘邦众望所归,成为唯一候选。而得到义帝赏识的刘邦天真地认为,有了义帝和其他义军的支持,他就有了强大的靠山。可事与愿违,刘邦单方面采取的行动,不仅激化了刘项之间的矛盾,也埋下了项羽和义帝之间仇怨的种子。在《史记·高祖本纪》中就有这样一段文字,直接表达了项羽内心的不满:"怀王者,吾家项梁所立耳,非有功伐,何以得主约! 本定天下,诸将及籍也。"①果然,项羽之后更是自作主张:"乃详尊怀王为义帝,实不用其命。正月,项羽自立为西楚霸王,王梁、楚地九郡,都彭城。负约,更立沛公为汉王……"②通过后续故事情节的补充,就可以帮助学生构建一个完整的故事内容逻辑链,学生会感觉当时项羽之所以会有这么大的怒气,还不是简单的对刘邦发脾气,可

---

① 司马迁.百衲本二十四史·史记(4)·本记[M].北京:商务印书馆,1936:107.
② 班固.汉书[M].西安:太白文艺出版社,2006:5.

能是借题发挥,是对刘邦背后隐藏黑手的愤怒。

可是项羽除了军事力量强大,其他方面几乎没有任何优势可言。项羽的失败正如他当年荣归故里时所表露的那般:"富贵不归故乡,如衣锦夜行,谁知之者!"①他好大喜功、自负傲慢,这种心态让他在做出决策时,往往以强势的胜利者自居,在满足自己虚荣之后,却处处失去时机。他固执地认为只要有军事实力做保障,众多义军头领都会向他俯首称臣。于是,项羽用血腥的屠杀来建立自己的威望,他不分青红皂白,滥杀无辜,终于惹得民怨沸腾,各路诸侯纷纷反叛,最后落得众叛亲离,自刎乌江。其实,学生都深感在鸿门宴之后,项羽虽然强势崛起,但他的身边早已是危机四伏,尤其是他本人已经处于极端被孤立的境地,所有的舆论导向都在诋毁项羽,阻止项羽的强大,可是他却没能预感这一切,他仍旧陶醉在自己建构的霸王事业中,我行我素。直到临死的那天,项羽还是天真地认为只要用武力就可以解决所有问题。难怪司马迁对此曾做如下点评:"霸王之业,欲以力征经营天下,……五年卒亡其国,身死东城,尚不觉寤而不自责,过矣。乃引'天亡我,非用兵之罪也',岂不谬哉!"②

通过一系列(相关)文本的补充,学生围绕鸿门宴这一核心事件,对故事情节进行了前后勾连,脑海里基本勾勒出了一个悲剧式的英雄形象,而这个英雄形象是一个被自我消弭的形象,他很聪明,也很愚蠢,他重情义,但又蛮横无理,他做事心狠手辣,关键时又优柔寡断,这些复杂矛盾的性格特征在他的身上得到了集中体现。

四、循环与延伸

分析到此,学生对项羽的态度,是又爱又恨,项羽既没有认清现实的能力,又缺少人情世故的变通,更没有团结众多起义军的胸怀,凡此种种都会让自己陷于孤立无援的困境中。对此,学生进一步提

---

① 班固.汉书[M].西安:太白文艺出版社,2006:279.
② 司马迁.百衲本二十四史·史记(4)·本记[M].北京:商务印书馆,1936:36.

出了以下一些问题作进一步的拓展延伸：

（1）除了我们看到的性格上的缺陷，难道项羽真的就一无是处吗？他身上有没有别的特质值得我们去钦佩和赞赏？

（2）项羽自己看不清现实处境，还一而再、再而三地拒绝范增的建议，错失最佳机会，这背后又反映了什么？

（3）鸿门宴真的就是击杀刘邦的最佳时机吗？只要杀了刘邦，项羽就能完成统一天下的大业吗？

（4）司马迁在《史记·项羽本纪》中为何要如此塑造项羽？这样的写法体现了司马迁怎样的文学观和史学观？

对于这四个问题，学生紧紧围绕"项羽是否应该杀刘邦"这一核心问题，展开了多角度的发散性思考，尤其是通过对人物形象的思辨性思考，以及对历史事实的假设和推断，让学生能站在当下的角度，对过去有更加客观理性的认知，并赋予历史以新的理解，使得过往的历史更具现实意义。

（1）多元反思：刘邦进入咸阳城之后，"与父老约，法三章耳：杀人者死，伤人及盗抵罪。余悉除去秦法。诸吏人皆案堵如故。……秦人大喜，争持牛羊酒食献飨军士。"[①]刘邦的仁义、大度、宽容给我们留下了非常深刻的印象。那么项羽呢，难道他的身上就真的一无是处吗？其实，在文本中，我们或多或少也能感受到项羽重情重义的一面，他爱憎分明，可这种泾渭分明的态度更多的是自己的主观想法，他只是针对他欣赏的特定的人和事。项伯一句"今人有大功而击之，不义也"[②]，竟然让项羽收手了；樊哙怒闯宴会，大声呵斥项王，项羽却连声称赞其为"壮士"。项羽对于"情与义"的理解未免过于狭隘，难怪学生会说，项羽的情义不分青红皂白，不分矛盾主次。项羽，一位性情中人的形象跃然纸上。

（2）切换视角：项羽和亚父范增之间的关系的确存在着一定的

---

① 司马迁.百衲本二十四史·史记(4)·本纪[M].北京：商务印书馆，1936：103.
② 普通高中教科书·语文必修（下册）[M].北京：人民教育出版社，2023：15.

隔阂。苏轼曾言:"方羽杀卿子冠军,增与羽比肩而事义帝,君臣之分未定也。"①《史记·高祖本纪》中也记载:"赵数请救,怀王乃以宋义为上将军,项羽为次将,范增为末将,北救赵。"②可见,范增当时与项羽的关系,还不是真正意义上的君臣父子关系,项羽对范增持有芥蒂之心,也在所难免了。不妨以张良和刘邦之间的关系做对比。刘邦在识才用才上,的确有其独到之处。在鸿门宴之前,刘张二人也只是初识,张良是外臣身份,"臣为韩王送沛公",刘邦对张良的态度,也经历了由不信任到信任的过程,但刘邦"用人不疑,疑人不用",一旦他采纳了你的建议,就会无条件地信任,而这点正是项羽所欠缺的。君臣之间如果缺少信任和互助,那就真的是"竖子不足与谋"了!范增这一句话,道出他内心多少的无奈和悲愤啊!

(3)推断历史:从当时情况来看,项羽杀刘邦完全是顺理成章的。刘邦进入关中后妄图独吞胜利果实,还命军队封闭函谷关,阻挡各路诸侯进入关中,从而惹怒了各路诸侯。因此,项羽能统合各路诸侯四十万大军攻破函谷关,进而压制刘邦。但是现在刘邦主动认错,态度诚恳、姿态谦恭,如果这种情况下依然杀掉刘邦,难免会让人产生唇亡齿寒的心态。大家之所以推举项羽为带头人,不管是迫于项羽的威吓,还是为了共同反抗秦国,现在秦国基本被灭,诸侯个个心怀鬼胎,为了一己之私,离心力必然增加。此时杀掉刘邦,将会使各路诸侯产生抵触乃至反抗心理,对舆论不利,加之当时义军首领个个都有自己的军队和势力范围,虽然当时可能慑于恐惧而不敢表露出来,但是以后呢?由此观之,此时杀掉刘邦付出的代价极大,尤其是在项羽还未完全掌控天下局势的时候,鸿门宴并非杀刘邦最佳时机。即使杀了刘邦,难保不有其他义军站出来,项羽只是一个人在战斗,最后的结局实在难以把控。

(4)寻根究底:司马迁在写作《史记》时始终抱着"究天人之际,

---

① 苏轼.苏东坡全集[M].北京:燕山出版社,2009:1345.
② 司马迁.百衲本二十四史·史记(4)·本记[M].北京:商务印书馆,1936:93.

于无疑处生疑

通古今之变,成一家之言"的写作宗旨,这不仅意味着总结历史、记载史实,而且也意味着通过写作大量历史人物的事迹,去探究人的生存方式和法则,去审视人生中的各种矛盾、困境,去挖掘人性中的善与恶、是与非。因此在《史记》中,我们往往可以目睹许多与众不同的人与事,感悟到许多匪夷所思的情与理,这是司马迁与众多史官记叙历史最大的不同。司马迁在记叙历史人物事迹的同时,处处渗透了自身的人生感受、内心的痛苦和郁闷,这就是我们千年之后读《史记》仍不能不为之感动的关键。

明白了这一点,学生在读《史记·项羽本纪》时就会明白,为何对于项羽的死,司马迁也要刻画得如此悲壮。写项羽最后失败自杀,竟用了一两千字。有学生说,司马迁对项羽的态度主要还是以批判为主,只知道一味崇尚武力,以暴易暴,他往往用坑杀、屠城、火烧等方式来泄私愤,不效法前人,用仁义宽爱来面对自己的对手,他至死尚不悔悟,情感战胜了理智,这样的人理应批判。但也有许多学生认为,这样的批判只是针对项羽政治军事上的无知和荒谬,对项羽本人而言,作者更多地倾注了一种悲悯的情怀。"司马迁在项羽身上寄托了他的理想主义价值观和道德观,他倾尽热情,把项羽描述为一位殉道的英雄,由于遵守信义丧失了制敌于死地的先机。"[①]这样的英雄可悲可叹,可歌可泣。不管我们从哪种角度去看待项羽,每位学生都可以表达自己的观点,但我们也不得不承认,司马迁写史"不虚美,不隐恶",正是他这种写史的原则,才能让我们看到一个鲜活而真实的项羽。

五、评价与总结

鸿门宴的故事距离我们已有千年的历史,在那场事关生死的斗争中,每个人都扮演着自己的角色,履行着自己的使命。作为文学作

---

① 韩兆琦.点赞·质疑:史记研读随笔[M].北京:中国青年出版社,2020:71.

品,其故事情节的曲折变化、人物形象的丰富饱满、内心感情的跌宕起伏始终伴随着我们的阅读体验而不断深化糅合。当我们今天再次读到这段历史,都有一种淋漓酣畅的感觉。司马迁如何塑造项羽这个英雄形象其实并不重要,重要的是我们今人能否从中读到一点启示、获取一点教益,帮助我们更好地迎接未来的生活与工作,这才是最重要的。

教学流程

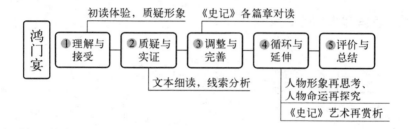

因文制宜

其实,上述这些问题本就无法从历史中觅得全部真相。但这些人物以及所发生的事件,又是实实在在存在的。在教学中,师生可以尝试从《鸿门宴》的文体入手,通过分析文体特征,来寻求基于文本的理解。

一切的历史都要依靠叙述来呈现,《史记》中的文本,实质都是"史传文学"。"史传文学"的性质是文学,在内容上又以演绎历史为特征,兼具历史性与文学性。因此我们的回应,不妨尝试着从历史性与文学性这两个角度展开思辨。

立足历史性维度,我们可以从历史真实的维度进行探究:故事之中叙述的史实是否尽可能地还原了当时的情景?

立足文学性维度,我们可以从文学构思的维度进行探究:比如文本内部的诸多要素间是否存在矛盾?作品中情节的矛盾与冲突、

于无疑处生疑

人物形象的对立与统一、人物关系的纠葛与分离等都可以成为我们探究的目标;同时,作者的创作意图、读者的审美感知以及两者之间的关联性,也可以成为我们思考的起点。

从整体看,通过《鸿门宴》的批判性思维教学,可以培养学生对史传文学基于史学价值体系、文学价值体系、作者价值体系、历代读者认知价值体系这四维体系的思辨与反思;而这些,不仅是我们文言文经典篇目学习的重要抓手,更是你我走进星汉灿烂的历史文化的一种思维模式。

思维导览

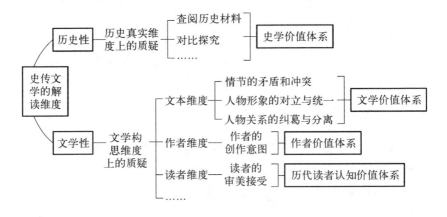

悲剧英雄的"完美"人设

——《李将军传》人物形象反思

阅读导引

标题是文章的眼睛,牛运展在《史记评注·李将军列传》中写道:"传目不曰李广,而曰李将军,以广为汉名将,匈奴号之曰'飞将军',所谓不愧'将军'之名考也。只一标题,有无限爱慕敬仰。"纵观《史记》,地位、权势、军功高于李广者有数十人之多,可司马迁偏偏只为李广单独列传,大将军卫青、霍去病也没有这样的待遇。司马迁为何对李广如此钟情?在作者的笔下,李将军究竟被塑造成什么形象,与你的心理预期相符吗?还有很重要的一点,司马迁立传的人物是否带有一定的标准,如果有,其标准又是什么呢?带着这些疑问,让我们一起走进作者笔下的人物世界。

字斟句酌

片段一:

李将军广者,陇西成纪人也。其先曰李信,秦时为将,逐得燕太子丹者也。故槐里,徙成纪。广家世世受射。孝文帝十四年,匈奴大入萧关,广以良家子从军击胡,用善骑射,杀首虏多,为汉中郎。广从弟李蔡亦为郎,皆为武骑常侍,秩八百石。尝从行,有所冲陷折关及格猛兽,而文帝曰:"惜乎,子不遇时!如令子当高帝时,万户侯岂足道哉!"[1]〔文

---

[1] 司马迁.百衲本二十四史·史记(26)·列传[M].北京:商务印书馆,1936:75.

于无疑处生疑

帝的评价其实是对李广的一生做了个盖棺定论,是惋惜,是夸赞,还是另有深意?文帝为何会给出这样的结论呢?进一步推测,当汉景帝和汉武帝在看了父辈的评价后,又会如何看待李广?对于这些问题,你做何感想,又会给出怎样的阅读期待呢?〕

片段二:

匈奴大入上郡,天子使中贵人从广勒习兵击匈奴。中贵人将骑数十纵,见匈奴三人,与战。三人还射,伤中贵人,杀其骑且尽。中贵人走广。广曰:"是必射雕者也。"广乃遂从百骑往驰三人。三人亡马步行,行数十里。广令其骑张左右翼,而广身自射彼三人者,杀其二人,生得一人,果匈奴射雕者也。已缚之上马,望匈奴有数千骑,见广,以为诱骑,皆惊,上山陈。广之百骑皆大恐,欲驰还走。广曰:"吾去大军数十里,今如此以百骑走,匈奴追射我立尽。今我留,匈奴必以我为大军诱之,必不敢击我。"广令诸骑曰:"前!"前未到匈奴陈二里所,止,令曰:"皆下马解鞍!"其骑曰:"虏多且近,即有急,奈何?"广曰:"彼虏以我为走,今皆解鞍以示不走,用坚其意。"于是胡骑遂不敢击。有白马将出护其兵,李广上马与十余骑奔射杀胡白马将,而复还至其骑中,解鞍,令士皆纵马卧。是时会暮,胡兵终怪之,不敢击。夜半时,胡兵亦以为汉有伏军于旁欲夜取之,胡皆引兵而去。平旦,李广乃归其大军。大军不知广所之,故弗从。①

〔与片段一中的李广形象不同,本段除了继续表现他的勇武威猛,还将他的机智谋略和遇险时的镇定自若刻画得入木三分。而此时如果你能留心本段的最后一句"大军不知广所之,故弗从",对于李广(亲自)率军深入大漠击杀射雕者的行为,你又会做出怎样的评价?〕

片段三:

其后四岁,广以卫尉为将军,出雁门击匈奴。匈奴兵多,破败广军,生得广。单于素闻广贤,令曰:"得李广必生致之。"胡骑得广,广时伤病,置广两马间,络而盛卧广。行十余里,广详死,睨其旁有一胡儿骑善马,广暂腾而上胡儿马,因推堕儿,取其弓,鞭马南驰数十里,

---

① 司马迁.百衲本二十四史·史记(26)·列传[M].北京:商务印书馆,1936:76-77.

悲剧英雄的"完美"人设

复得其余军,因引而入塞。匈奴捕者骑数百追之,广行取胡儿弓,射杀追骑,以故得脱。于是至汉,汉下广吏。吏当广所失亡多,为虏所生得,当斩[匈奴军队下令说,"必"活捉李广,而不是直截了当击杀,匈奴敌军对李广采取的做法又体现了什么?],赎为庶人[好一个"赎为庶人",当你读到"赎"字的时候,你的内心又会产生怎样的想法?]。①

片段四:

后三岁,广以郎中令将四千骑出右北平,博望侯张骞将万骑与广俱,异道。行可数百里,匈奴左贤王将四万骑围广,广军士皆恐,广乃使其子敢往驰之。敢独与数十骑驰,直贯胡骑,出其左右而还,告广曰:"胡虏易与耳。"军士乃安。["打虎亲兄弟,上阵父子兵。"在面对强大敌军时,李敢"独与数骑"直贯胡骑,李广"身自以大黄射其裨将,杀数人",父子两人身先士卒、舍生忘死的英勇行为,让人为之动容。可最终换来的结果又是什么呢?]广为圜陈外向,胡急击之,矢下如雨。汉兵死者过半,汉矢且尽。广乃令士持满毋发,而广身自以大黄射其裨将,杀数人,胡虏益解。会日暮,吏士皆无人色,而广意气自如,益治军。军中自是服其勇也。明日,复力战,而博望侯军亦至,匈奴军乃解去。汉军罢,弗能追。是时广军几没,罢归。汉法,博望侯留迟后期,当死,赎为庶人。广军功自如,无赏。②

[李广一生经历的战争大大小小有七十多次,正如片段二、三、四中所记叙,李广每次与匈奴军队的交战都具有哪些相同的特点,你能总结并发现其中的端倪吗?而这种类型的战争也似乎与李广一生的结局息息相关,这点有没有在你的预料之中?]

片段五:

(1)吴楚军时,广为骁骑都尉,从太尉亚夫击吴楚军,取旗,显功名昌邑下。以梁王授广将军印,还,赏不行。③

······

---

① 司马迁.百衲本二十四史·史记(26)·列传[M].北京:商务印书馆,1936:80-81.
② 司马迁.百衲本二十四史·史记(26)·列传[M].北京:商务印书馆,1936:84-85.
③ 司马迁.百衲本二十四史·史记(26)·列传[M].北京:商务印书馆,1936:76.

于无疑处生疑

(2)尝夜从一骑出,从人田间饮。还至霸陵亭,霸陵尉醉,呵止广。广骑曰:"故李将军。"尉曰:"今将军尚不得夜行,何乃故也!"止广宿亭下。居无何,匈奴入杀辽西太守,败韩将军,后韩将军徙右北平。于是天子乃召拜广为右北平太守。广即请霸陵尉与俱,至军而斩之。①

……

(3)朔曰:"将军自念,岂尝有所恨乎?"广曰:"吾尝为陇西守,羌尝反,吾诱而降,降者八百余人,吾诈而同日杀之。至今大恨独此耳。"朔曰:"祸莫大于杀已降,此乃将军所以不得侯者也。"②

〔当你读了以上片段后,你对李广的形象又会做出怎样的评价呢? 如果再对照一下文帝给出的结论,你是否认可文帝的评价呢?〕

片段六:

太史公曰:"《传》曰:'其身正,不令而行;其身不正,虽令不从。'其李将军之谓也? 余睹李将军悛悛如鄙人,口不能道辞。及死之日,天下知与不知,皆为尽哀。彼其忠实心诚信于士大夫也! 谚曰:'桃李不言,下自成蹊。'此言虽小,可以谕大也。"③〔文帝的评价与太史公的总结存在很大的不同,你如何看待这种差异? 我们又该如何客观公正评价李将军?〕

教学现场

人设,是指人物形象的设定。部编版教材中,我们大量接触到了司马迁的作品,比如《鸿门宴》,项羽戎马一生,屡立战功,在推翻暴秦统治时,他是中流砥柱,可最后却落得个乌江自刎的悲剧下场。《屈原列传》中,屈原为国为民,辛劳一生,可最终被无情放逐,在绝望中自投汨罗,同样也是悲剧收场。类似英雄的悲剧人设,频繁在作品中展现,这似乎成为作者固定的写作模式,而这背后又有着怎样的原因

---

① 司马迁.百衲本二十四史·史记(26)·列传[M].北京:商务印书馆,1936:82.
② 司马迁.百衲本二十四史·史记(26)·列传[M].北京:商务印书馆,1936:87.
③ 司马迁.百衲本二十四史·史记(26)·列传[M].北京:商务印书馆,1936:94.

呢？正是在这样的阅读思考下，我们对《史记》的相关作品进行了一次深入研习。

提出悲剧人设的话题，是学生在研习过程中的共同感受，在学习拓展篇目《李将军传》的过程中，这种阅读感受再次被唤醒。尤其学生注意到了文帝和司马迁在评价李将军时，明显存有错位。比如文帝曾如此评价："惜乎，子不遇时！如令子当高帝时，万户侯岂足道哉！"文帝含蓄地表达了对李广的惋惜，李广即使做得再好，可惜生不逢时，很难得到赏识，他的一生注定要以失败告终。而司马迁却在文末写道："及死之日，天下知与不知，皆为尽哀。彼其忠实心诚信于士大夫也！"作者却给予了高度赞誉。为何如此优秀的将领，能赢得百姓和士大夫的心，却得不到皇帝的赏识，双方的评价为何会有如此巨大的反差？

一、梳理文本——先见其形

不妨让学生先回到文本，共同来还原李将军的形象。司马迁在文末曾如此形容李将军："余睹李将军悛悛如鄙人。""悛悛如鄙人"即"老实厚道的乡下人"，这样的描述让我们很难将其与叱咤疆场、英姿威武的大将军形象联系起来。

生1：假设和李广第一次见面，我可以从"悛悛"和"口不能道辞"这两组词句，来分析李广的形象：一是老实忠厚，一是笨嘴拙舌。他就是一位老实农民的形象，"诚惶诚恐"地站在我们面前。

生2："广讷口少言，与人居则画地为军阵，射阔狭以饮。专以射为戏，竟死。"可以想象一下，李广平时沉默寡言，为数不多的爱好就是射箭、饮酒。戍边的军营生活本就"单调乏味"，加上自身性格这些因素叠加会导致他把自己封闭在一个很小的社交圈子里。如作者所言，真的很像一位"鄙人"。

生3：此外，文章还塑造了一位爱兵如子的将军的形象。"广廉，得赏赐辄分其麾下,饮食与士共之。终广之身,为二千石四十余年,家无余财,终不言家产事。"李广一生清廉,与士兵同甘共苦,在他身上体现的是一位"鄙人"的质朴与真诚。

在司马迁的笔下,李广的出场多少让人有点意外,他的形象不高大、不辉煌,只是一位农民与军士的复合体,既有着农民的憨厚,又多少带点军士的粗鄙。而在学生的眼中,"鄙人"一词不是对李将军形象的贬低,反而是对他的褒扬和赞美。学生初识李广,都觉得他思想单纯、性格耿直、待人真诚,他把心思都放在了卫国戍边的事业上,这样一位一心为国的将军实在难得,李广的形象在学生心目中的地位不降反升。

二、分析质疑——次见其气

在学生的认知中,还曾谈到一点,如果按照作品中"鄙人"的人物设定,李广憨厚迂讷的性格会让他在一个较为舒适的圈子里平静地走完自己的一生,他与世无争,无风也无浪。但是学生的设想与作品所呈现的结局完全不一样,李广一生都在努力为国家建功立业,可每次的努力都是徒劳的,他的付出与回馈不成正比,上天好像一直在作弄他,理想被打压,人生也陷入绝境,在李广身上有一种难以名状的人生悲痛。面对这样的人生悲痛,李广起初一直是默默隐忍,最后走投无路下竟选择了横刀自刭!李广的死,死得让人心疼,让人莫名。于是有学生继续追问,李广的人生为何会以悲剧的方式结束?难道正如文帝所言,他的一生就注定要以悲剧收场吗?带着这份惊讶与好奇,大家从悲剧成因的角度着手,开始剖析李广这一人物形象设定下命运的必然性。

生4:我们不妨关注李将军指挥的战斗,几乎都以失败告终,这对于一位将军而言,是极其耻辱的一件事。为何都失败了呢,是李将军指挥不当吗?其实不是。根本的原因在于李将军指挥的战斗,几乎都是在人数不占优势的情况下发生的。"匈奴兵多,破败广军。"李将军所指挥的战斗有个共同点，都是"突围战"，突围战的胜率会大吗？所以，李将军注定就是一位失败者，一次次的挫败只会让他内心的阴影不断扩散，最终将其吞噬。

生5：我也有同感，突围战最终的结果，不是被敌人杀害，就是被自己人杀害。文中多次出现"赎为庶人"，李将军虽没有战死沙场，侥幸逃脱，但回来之后还要遭受刀笔吏的严惩，其结果可想而知。

生6：其实，这样不分青红皂白、不了解事情实际情况的问罪，随意剥夺别人的生命，也是对李广最大的羞辱。尤其是文中还提到竟可以用钱来赎买自己的性命，可是李将军没有钱了。"广年六十余矣，终不能复对刀笔之吏。"①，最后引刀自刭，这样的方式是多么大的一种讽刺，可以想象他内心留下了多少苦闷和悲愤啊！

生7：在自刭时他还曾说过这样一番话，让人深思："广结发与匈奴大小七十余战，今幸从大将军出接单于兵，而大将军又徙广部行回远，而又迷失道，岂非天哉！"②李广本以为"幸从"大将军出接单于兵，可以借此建立军功，但没想到大将军"又"徙广部行回远，李广再次与建立军功失之交臂，尤其是这个"又"字，可以料想李广碰到这样的情况不止一次了。"广数自请行，天子以为老，弗许；良久乃许之，以为前将军。"③"大将军青亦阴受上诫，以为李广老，数奇，毋令当单于，恐不得所欲。"④从这些表述中，我们可以看到天子、大将军对李广都带有一种成见，他们不信任李将军，还故意刁难李将军，这种壮志难酬的苦痛始终压抑在李将军的内心，加之他"讷口少言"，又没有人可以倾诉，最终只能孤独地走向死亡。

在这次讨论中，我们可以真实地感受到学生在为李广的悲剧人生鸣不平。战斗的失败、将士的牺牲已经让他内心备受煎熬，回到朝

---

① 司马迁.百衲本二十四史·史记(26)·列传[M].北京：商务印书馆，1936：90.
② 司马迁.百衲本二十四史·史记(26)·列传[M].北京：商务印书馆，1936：90.
③ 司马迁.百衲本二十四史·史记(26)·列传[M].北京：商务印书馆，1936：87.
④ 司马迁.百衲本二十四史·史记(26)·列传[M].北京：商务印书馆，1936：88.

于无疑处生疑

廷后还要遭受君王无端的非议,受到刀笔吏的羞辱和权贵的排挤,现实中如此之多的不公正待遇,重重叠加,最终引发了悲剧,怎能不让人心生同情悲悯?

但也有学生提出了自己的不同见解,众所周知,文帝、景帝和武帝在历史中都是仁义开明的君王,他们为何要无缘无故去针对一位为国建功立业、披肝沥胆的优秀将领,李广的悲剧难道只是和当时的社会环境有关,而和他自身没有关系吗?

生8:我认为李广的悲剧与其自身有着很大的关系。比如,射杀三名射雕者那个场景,让我们看到了一位有勇有谋的将军形象,但在为他击节叫好的同时,我们也看到了他身上的不足。比如:"平旦,李广乃归其大军。大军不知广所之,故弗从。"①李将军亲自带兵射杀射雕者,在临行时竟然没有和军中其他将士交待去向,万一李将军的空城计失败被围甚至被剿灭,那么这支几千人的军队会由于缺少主将指挥,而陷于险境之中,他的意气用事,显得轻率可笑。

生9:如果说他意气用事险些酿成大错,那么接下去发生的事情则显出他在政治上的幼稚无知。在征讨吴楚叛军时,李将军本来建立了军功,但因为他"以梁王授广将军印,还,赏不行",这种做法明显违反常理,甚至会招致天子的猜忌,一心不能侍奉二主,连这点最起码的道理他都不懂,也难怪文帝会说出那样的评价。

生10:还有两件事情,李将军的做法也让人莫名其妙,一是杀霸陵尉,一是杀羌族降兵。杀霸陵尉显得他心胸狭隘、公报私仇;杀羌族降兵,则凸显了他并不是一位仁义之士,他的鲁莽和残忍受到众人批判唾弃。正如朔曰:"祸莫大于杀已降,此乃将军所以不得侯者也。"②如果我是大汉天子,一定不会重用这样的将军,李广的人生走到今天这个地步,和他自身脱不了关系。

通过对文本的反复研讨,学生从不同层面对李广的人生悲剧做

---

① 司马迁.百衲本二十四史・史记(26)・列传[M].北京:商务印书馆,1936:79.
② 司马迁.百衲本二十四史・史记(26)・列传[M].北京:商务印书馆,1936:87.

了多元分析。首先,从客观因素入手。我们可以看到汉天子及朝臣对李广颇有成见,当权者任人唯亲,制定的法律又过于严苛,许多做法的确值得商榷。其次,我们更不能忽视李广自身的人格缺陷。比如,他不通人情世故,缺少最起码的礼数教化和为人处世之道,等等。因此,李广的人生悲剧绝非偶然,而是在主客观双重因素的共同作用下造成的必然结果,文帝的评价所言极是。但作为一名将军不是战死在沙场上,而是由于性格缺陷死在了不可言状的人情世故中,这样的结局着实让人感慨不已,李广的遭遇反而更加激发了学生的同情心和同理心。

三、调整完善——后见其意

于是有同学提出,司马迁为李广立传会不会也是一种必然?李广与司马迁的人生遭遇有相似之处吗?会不会正是一样的人生悲痛,成了激发司马迁写史的原初点。学生这样的推测有没有道理呢?于是学生展开了一次广泛意义上的文献考据工作,来回应这一猜想和推测。

最终结果正如学生所推测,两人的人生历程有着惊人的相似,司马迁为李广立传,也就成为了一种必然。司马迁因仗义执言而遭"李陵之祸",他只是说出了真话,结果触犯龙颜,遭受腐刑。司马迁遭受了这场劫难,在精神上受到了极大的屈辱:"仆以口语遇遭此祸,重为乡党戮笑,以污辱先人,亦何面目复上父母之丘墓乎?虽累百世,垢弥甚耳!是以肠一日而九回,居则忽忽若有所亡,出则不知其所往。"[①]这种痛苦与折磨非常人所能理解,司马迁忍辱苟活,"发愤著书,意旨自激",寄托他的爱恨,夹杂对社会世态炎凉的抗争。

司马迁写李广,也在写自己,他与李广同病相怜,正是这种相似的人生境遇和相同的人格特质,使司马迁对李广有着强烈的价值认

---

① 司马迁.史汉文统·史记[M].北京:商务印书馆,2019:237.

于无疑处生疑

同感,这就使得司马迁在写作李广的人生历程时,也完成了对自己的生命意义的重构。可见选取李广这样的悲剧英雄对于司马迁而言具有特殊的意义,两人的人设定位在某种程度上有着高度重合之处,这不得不让我们重视。

四、循环延伸——再见其神

《史记》既然是一部史书,理应尊崇客观真实的原则,那么司马迁为李广作传,是否会过多地带有个人主观情绪,从而造成在书写历史过程中,对众多的历史人物按照特定的人设标准进行筛选,而造成不公、不实的问题呢?在研习过程中,学生就提出了以下两个问题,颇值得深思。

其一,在阅读《李将军列传》一文时,我们还认识了程不识这样一位名将,其地位和声望与李广相当。为了凸显李广的形象,程不识的事例只于《李将军传》中简单提及,这与为李广单独立传有着天壤之别。司马迁为人物立传的标准是什么?

其二,在与匈奴作战的诸多将领中,李广只是卫青麾下的一员裨将,可是司马迁不仅为其立传,还将《李将军列传》安排在《匈奴列传》之前,而卫青作为大将军,其传反在《匈奴列传》之后,这样的顺序安排有何用意?

于是,学生带着疑问,再次从相关作品和文献资料中去寻找蛛丝马迹。司马迁在《报任安书》一文中,鲜明表达了他所推崇的人格美:"仆闻之,修身者智之府也,爱施者仁之端也,取予者义之符也,耻辱者勇之决也,立名者行之极也。士有此五者,然后可以托于世,列于君子之林矣。"[1]在《太史公自序》还曾写道:"勇于当敌,仁爱士卒,号令不烦,师徒向之,作《李将军列传》第四十九。"[2]这段文字更是直接指明了司马迁为李广作传是因其仁、勇的品格。正是李广身上那种

---

[1] 司马迁.百家汇评本·史记(下)[M].张大可,辑评.北京:商务印书馆,2020:911.
[2] 司马迁.百家汇评本·史记(下)[M].张大可,辑评.北京:商务印书馆,2020:907.

农民式的朴素、憨厚、忠诚、耿直,赢得了"桃李不言,下自成蹊"的赞誉!可见为李将军立传,司马迁主要还是以人物为本位,尤其推崇人格美。

与李广形象截然相反的则是卫、霍二人。《史记·佞幸列传》云:"自是之后,内宠嬖臣大底外戚之家,然不足数也。卫青、霍去病亦以外戚贵幸,然颇用材能自进。"①虽然司马迁肯定了卫青、霍去病的军事才能,但另一方面,他对卫青、霍去病却极度厌恶。在司马迁看来,卫青官至大将军,霍去病为骠骑将军,并不是因为他们过人的才略,而是汉武帝的私心。事实上,他们的人格品格却极其恶劣,比如霍去病在行军过程中,宁可自己的食物腐坏,也不分给士兵,这样的行为和李将军爱兵如子的形象简直就是天壤之别。《李将军列传》《匈奴列传》《卫将军骠骑列传》这样的顺序安排,褒贬之意不言而喻,这是对汉武帝不能识才、用才的批评。

通过对这两个问题的回应,我们可以进一步发现司马迁在选取类似李广、项羽、屈原这样的历史人物时,都有着一种共性的标准:李广的迂讷、项羽的自负、屈原的清高,他们或多或少带着某种性格上的缺陷,而且这种缺陷是致命的,尤其在专制集权的封建时代,这些就更加显得格格不入。因为他们不懂得变通世故,不明白阿谀奉承,不会摆弄权术手段,不防备尔虞我诈,他们的精神是纯洁的,他们的人格是高尚的,他们也实实在在为这个国家和社会做出了自己的贡献,可他们都被这个专制的社会所抛弃,上演着一出又一出悲剧。同样,对于一位勇于坚持事实真相、敢于直言进谏的史官来说,当面对这一切的时候,这又何尝不是一种暗示、一种困境呢?

五、评价总结——末显其魂

在文学作品创作过程中,我们塑造的人物形象,不是简单地针对

---

① 司马迁.百家汇评本·史记(下)[M].张大可,辑评.北京:商务印书馆,2020:861.

"人"而去,对人的认知与关怀更应关注的是其人生,因为人生是人的动态发展流程,人生也是人创建自身价值的漫长历程。正是在这个历程中,人得以发展,人的价值得以体现,人的思想精神得以升华。脱离人生去独立谈论人,只能是抽象的。更何况,司马迁也知道,他写的历史人物,是曾经活跃在历史舞台上的活生生的人,将人从人生的历程中剥离出来,这不是对历史人物的最大善意。既然如此,司马迁就干脆将其完整而真实的一生如实呈现在读者眼前,"不虚美,不隐恶",岂不甚好?因此,司马迁让笔下的这些历史人物素颜登场,用自己的一言一行去书写自己的传奇人生。

塑造人物形象,本不该预先设定。如果人物形象是先期预设,我们在剖绘时,只是静止地对人物性格进行解析,类似于尸体解剖,对读者而言,又会带来何种感动呢?再者,人生是人在客观世界中的旅程,人因有了这个旅程而使自己具备了客观社会性。因此,人也就无法回避这一点,而对于司马迁来说,虽然无法预先设定人物形象,但他可以按照自己的标准去选定这些历史人物,以达到自己写史的目的:"究天人之际,通古今之变,成一家之言。"司马迁通过记载一批与李广类似的人物,以此镌刻自己理想中的人格标尺,那就是他们身上所具有的朴实忠诚的爱国观、舍身忘我的功业观和廉俭宽缓的社会观——这不就是一位士大夫所应该达到的基本标准吗?只不过,司马迁不断将其放大,警醒我们这些后人。

茅坤曾云:"李将军于汉,为最名将,而卒无功"。[①] 然而在《史记》中,他却独受重视。韩兆琦曾言:"通过写'败仗'以表现英雄的不朽,是司马迁文学的一大创造。"[②]司马迁深刻体味到了君主的昏昧、律法的残酷、人事的冷漠,本是怀揣着一腔政治才情自信向前的他,却成为尔虞我诈时局的牺牲品。于是司马迁将个人情感隐于形象塑造中,对政治腐败极尽讽刺,这才是他独特人格的体现。与此同时,司

---

① 茅坤.史记抄[M].王晓红,整理.北京:商务印书馆,2013:453.
② 韩兆琦.点赞·质疑:史记研读随笔[M].北京:中国青年出版社,2020:513.

马迁向着更高境界出发,在创造人物形象时于细微处看情的抒发,在宏观处显理的豁达,在此基础上将自我人格理想进行重建,由荆棘窄路走向平坦大道,由黑暗走向光明,完成了一次自我的救赎。

教学流程

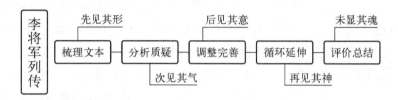

因文制宜

文帝曾如此评价李广:"惜乎,子不遇时!如令子当高帝时,万户侯岂足道哉!"对于文帝的观点,或许你会提出质疑,这样一位让匈奴士兵闻风丧胆的伟大英雄,最后"引刀自刭"的悲剧结局,让人唏嘘不已。这样一位英雄人物,怎么会落得如此境地呢?是命中注定,还是有别的原因,这不得不引发我们的深入思考。

其实,在文章伊始你就会发现,李将军的命运结局似乎与"悲剧"交织在了一起。无论战争的结局如何,他不是被敌军"射杀",就是被刀笔吏"谋杀",他的一生都深陷在死亡的阴影中。李将军带兵打仗,打得很窝囊,他指挥的战争几乎都是"以少敌多"的突围战,就算侥幸逃脱,刀笔吏也会以种种理由讨伐他。李将军的一生活得很惶恐,日子过得很苦闷,但他始终坚守自己的个性与原则——自己应该怎样去打仗、怎样待人、怎样坚守自己的底线,这些都不会因为时局和现实而改变。在作者的文字中,你会看到,只要国家有需要,李将军还是会选择义无反顾地报效国家。

面对生命困境时,他不计较利害得失,在他的心里只存有国家的安危和将士的利益。对于李将军而言,如何对待自己的国家和身边

于无疑处生疑

的士卒,有时比他如何成就自己更加重要。李将军性格的典范之处就在于李将军活得很真诚,在作者冷静而客观的文字中,读者能处处感受到李将军就是这样一个简单而真性情的人,哪怕在这样真实而残酷的处境中,他也绝不会掩饰自己的这份真诚。

　　作为读者,你可以带着不同的感情色彩,从不同的阅读视角去解读文本,尤其当我们面对李将军这样一位悲剧英雄时,似乎也只能坦然接受这一事实。但我们从中却学到了司马迁对历史英雄人物与众不同的选择和评判角度:战功和荣耀本就不是唯一的标准,甚至不是最好的标准。作为一名史官,记录历史难道只写那些成功者,而忘掉失败者吗？更何况,在司马迁的笔下,李将军能被称为"失败者"吗？

　　其实,类似的悲剧英雄绝不止李将军一人,或许为悲剧英雄立传更能向后人昭示,什么才是最值得世人铭记的东西,这样一想,你会发现司马迁写了这么多的悲剧英雄,自有其深意所在。

思维导览

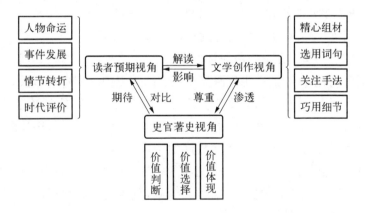

忠诚之职：谁才是真正的英雄？

——《廉颇蔺相如列传》人物评议例析

阅读导引

能够以"一己之力"对抗强敌，力挽狂澜并获得现实的胜利，无论何时何地，都会毫无争议地被当作英雄。蔺相如就是这样一位英雄，机智的应对、不屈的对抗、隐忍的付出、高光的表现为自己和赵国赢得了声誉和尊严。而大将军廉颇呢？在大多数同学心中，他的存在充其量只是一种点缀和陪衬，廉颇之于赵国与相如之于赵国，谁更重要？谁更伟大？答案不言而喻！

既然如此，司马迁为何不将该合传的标题写成《蔺相如廉颇列传》，位次先后的调整不是能更清晰地表达作者对这两人价值高低的评判吗？此外，你还会发现在《廉颇蔺相如列传》中穿插记载了赵奢、李牧两位赵国后期重要将领的事迹，这样的安排是否合理？不妨进一步推测，司马迁之所以要将廉颇置于蔺相如之前，之所以要将赵奢、李牧与这两人放在一部合传中，他究竟想要传达怎样的写作意图呢？带着这些疑问，让我们从教材的节选走向史传全文的整体解读，从对个人价值崇拜转向对国家利益追求的深度剖析，或许你能从中觅得理性分析和评价历史人物的方法途径。

字斟句酌

片段一：

秦昭王闻之，使人遗赵王书，愿以十五城请<u>易璧</u>［和氏璧价值究竟值

于无疑处生疑

多少?竟然会让秦昭王拿十五城去做交易!十五城疆土辽阔,一旦给赵国,将出现"邻之厚,君之薄"的状况,这与秦昭王志在天下的战略思想背道而驰,与秦国实际利益需求不符,那么秦王为何要主动提出以城易璧的交易呢?〕。

……

计未定,求人可使报秦者,未得。〔从这段话中,我们可以得到两个信息,一是计未定,一是人未得。这里的"计",具体是什么,你能作一猜想吗?那么"人"呢,举国上下真的就找不出一个人出使秦国吗?赵王需要的是怎样的人来完成此次任务?〕

片段二:

王曰:"取吾璧,不予我城,奈何?"相如曰:"秦以城求璧而赵不许,曲在赵;赵予璧而秦不予赵城,曲在秦。均之二策,宁许以负秦曲〔你能具体解释一下相如口中的"理"具体指的是什么吗?蔺相如提出的解决方案,赵王与其智囊团难道就不曾想到过吗?〕。"

……

王曰:"谁可使者?"相如曰:"王必无人,臣愿奉璧往使。城入赵而璧留秦;城不入,臣请完璧归赵。"赵王于是遂遣相如奉璧西入秦〔赵王随即追问"谁可使者",是真的信服还是无奈妥协?你对文中的"于是"二字又会做出何种解释呢?〕。

……

相如度秦王虽斋,决负约不偿城,乃使其从者衣褐,怀其璧,从径道亡,归璧于赵〔在片段二选文中,蔺相如前后做法是否妥当,言行是否一致?〕。

片段三:

大王必欲急臣,臣头今与璧俱碎于柱矣!……

相如曰:"五步之内,相如请得以颈血溅大王矣!"……

相如既归,赵王以为贤大夫,使不辱于诸侯,拜相如为上大夫。

〔相如面对秦王,两次都是"以死相逼",他的做法简单而"粗暴",这是解决问题还是激化矛盾?这与"贤大夫"的形象匹配吗?〕

既罢,归国,以相如功大,拜为上卿,位在廉颇之右〔相如短时间内迅速获得升迁,甚至位在廉颇之右,赵王几乎将所有的功劳都归于一人的做法是否妥当,值得商榷。]。

片段四:

其后秦伐赵,拔石城。明年复攻赵,杀二万人。[秦国后续的军事行动,会不会与之前相如得罪秦王有关呢?政治上的成功,军事上的失败,你又会作何感想?]……

秦王因曰:"今杀相如,终不能得璧也,而绝秦赵之欢。不如因而厚遇之,使归赵。赵王岂以一璧之故欺秦邪?"[相如能从这次外交冲突中保全性命,全身而退,是偶然还是必然?秦王讲的这番话中又隐藏着哪些值得思考的信息呢?]……

秦王竟酒,终不能加胜于赵。赵亦盛设兵以待秦,秦不敢动[你是否留意过,蔺相如的外交活动之所以能成功,都离不开其背后重要的军事保障,如果你是廉颇,对此又做何感想呢?]。……

廉颇送至境,与王决曰:"王行,度道里会遇之礼毕,还,不过三十日。三十日不还,则请立太子为王,以绝秦望。"王许之。遂与秦王会渑池。[廉颇的建议有以下犯上之嫌,但廉颇还是坚持讲出了这句话,从中你认为廉颇是个怎样的人?]

片段五:

"……相如虽驽,独畏廉将军哉?顾吾念之,强秦之所以不敢加兵于赵者,徒以吾两人在也。今两虎共斗,其势不俱生。吾所以为此者,以先国家之急而后私仇也。"廉颇闻之,肉袒负荆,因宾客至蔺相如门谢罪,曰:"鄙贱之人,不知将军宽之至此也!"①[面对廉颇的恶言,相如晓之以理,当你为相如击节叫好的同时,你可曾仔细想过廉颇能够主动放下尊严、负荆请罪,背后还有哪些原因?此外,廉颇的人格是否更值得我们钦佩?]

教学现场

批判性思维的核心在于大胆质疑和缜密推理,在批判性思维教学过程中,疑问更是教学过程的重要起点。一方面,教师要引导学生

---

① 高级中学课本·语文二年级(第二学期)[M].上海:华东师范大学出版社,2017:79-84.

于无疑处生疑

学会提问,从过往聆听式的被动学习转变为思考式的主动学习。另一方面,教师更要引导学生以审慎的态度面对自己的观点和疑问,在不断的自我质疑与思考验证中完善自己的认知。

部编版教材选择性必修教材(中册)第三单元"回到历史现场"正是一个极为合适的教学契机。之所以要强调"回到历史现场",是因为学生往往会站在现代人的立场回望历史,从而产生对于历史人物和事件的误读。而该单元则明确提出了"需要师生既要将传记人物放回历史现场,体会他们的现实处境,理解其人生选择和道德坚守,认识其历史地位和对后世的影响;又要超越历史,立足当下,客观评价历史人物,认识他们的局限性和不足,从中汲取经验教训;同时,要跨越时代,领略优秀历史人物的精神品质,感受他们精神世界的坚韧、美好、高洁、无私、勇敢,丰富我们的心灵世界"[①]。这种基于全面理解和尊重的认识和评价正契合批判性思维的核心。

该单元收录了两篇史传类作品、两篇史论类作品,并在单元学习任务中设计了拓展阅读其他史传类文本的任务。笔者将该环节设计为学生假期作业之一,并收到了学生对于蔺相如的大量质疑——蔺相如究竟是有勇有谋还是小题大做?如果因为他的自作聪明,秦王反而大举攻赵,他还能有如今的美誉吗?

对于这类情节性比较强的作品,学生基于个人理解而萌生出各种疑问实属正常,教师应当透过问题看到学生对于文本的认知起点,从而引导学生与文本对话,在贴近文本的基础上释疑。更重要的是,教师应通过这一思辨过程,引导学生关注如何严谨审慎地"于有疑处漫溯"。

一、回应疑问——文本漫溯

当大部分学生开始质疑蔺相如行为的适宜度,教师不妨将其作

---

① 普通高中教科书·教师教学用书[M].北京:人民教育出版社,2020:131.

为主问题激起学生的争鸣,引导学生互相回答与质疑——针对"完璧归赵"这一情节,你是否赞赏蔺相如的行为?请加以论述。

持反方意见的学生围绕"劝王献璧"和"为赵守璧"两个阶段加以分析:

生1:蔺相如劝说赵王献璧的说辞,只是给了赵王一个美好的设想,从当时的现实情况分析,蔺相如其实也不能保证他就一定能胜利完成此次任务,群臣的沉默也从侧面表现出了该任务的艰巨,蔺相如劝大王献璧似乎也有为自己博取功名的"水分"。

生2:在交换和氏璧的过程中,秦王已经按照蔺相如的要求"斋戒五日,设九宾于庭",蔺相如却还是反悔并让侍从"怀其璧,从径道亡",这非常不合常理,秦王也很有可能恼羞成怒杀了蔺相如再大举攻赵。

生3:我非常赞同刚才同学的说法。明王世贞也曾评说"蔺相如之获全于璧也,天也"①。蔺相如的举动更像是一位赌徒所为——他不合情理的做法很有可能置赵国于危机之中,即使保全和氏璧也无用。从后文来看,蔺相如"完璧归赵"的小伎俩实际上已经引火烧身:"其后秦伐赵,拔石城。明年,复攻赵,杀二万人。"这自然会让我们联想到被激怒的秦王果真对赵国展开了报复。

为了避免双方的讨论难以聚焦,教师可在一方学生发言完毕后引导学生共同提炼争鸣点,并逐一回应。

不难发现,生1所关注的是蔺相如劝赵王献璧的动机不纯——不单单是为了救赵的燃眉之急,更有借此一展身手的野心。他的依据是蔺相如"城不入,臣请完璧归赵"的空头支票以及"求人可使报秦者"而"未得"的窘境。

持正方意见的学生要找到反驳的依据是容易的——

生4:蔺相如在许下承诺前已经结合两国实力冷静客观地分析

---

① 吴楚材.古文观止[M].吴调侯,选编.杭州:浙江古籍出版社,1997:513.

于无疑处生疑

了两种选择的利弊,而不是只有承诺。

生5:前文大臣们的沉默反映出任务确实艰巨,而在这种情况下缪贤不枉抖出自己曾经的过错也要举荐蔺相如"可使",可见其"智勇"以及当前局势的紧迫。

生6:大臣们的沉默也更能衬托出后文蔺相如"王必无人,臣愿奉璧往使"的担当。况且,最终是否献璧的决定是赵王做出的,蔺相如所做的只是客观分析利弊。

至此,基于生1的认知偏颇,所有学生都重新细读了文本,关注到了蔺相如一番进言的先后顺序。生1的疑问已部分解决,但教师应进一步提醒学生关注产生认知偏颇的原因——一方面是阅读文本时的不完整以及对作者谋篇布局中暗含的写作意图缺乏关注,更重要的是先入为主、以文本印证观点从而有选择性地阅读的认知思路。而这恰恰是与开放性、反思性的批判性思维截然相悖的,教师应特别提醒学生有意识地避免。

与此同时,教师还应关注学生在回应时都不约而同回避的难点——蔺相如确实不能保证"城不入,臣请完璧归赵",而正如生6所言,赵王才是最终的决策者,那么赵王决定献璧究竟是不是因为这一空头承诺呢?于是学生就自然而然地"回到历史现场"来探索真相——在这场交易中,赵王究竟面对怎样的困境?

首先,赵王心知肚明所谓的"以城易璧"不过是一场以强欺弱的骗局,赵若躬身入局,只能落得"徒见欺"的下场;其次,面对秦明摆着"空手套白狼"的企图,赵却因"患秦兵之来"而无力回击;再次,面对秦国抛来的客观难题,赵国内部竟然"计未定"、人"未得",这三重现实以及可以想见的蒙辱之耻交织在一起才构成了赵王所面对的终极困境。

在这种情况下,蔺相如凭着缪贤的大力举荐登上朝堂,一开口便点中要害:"秦强而赵弱,不可不许。"——双重否定句和短句的背后是蔺相如斩钉截铁的口吻,更是严峻局势下赵王所面临的艰难处境。

忠诚之职：谁才是真正的英雄？

　　面对赵王的提问，蔺相如更是站在国家立场上，以滴水不漏的利弊分析表现出他对予璧而不得城窘境的清醒洞察——面对强秦，赵王只能两害相权取其轻。蔺相如所言利害赵王又何尝不心知肚明，他所需要的无非是帮他打消幻想，并进而使利益最大化或最大化回避损失的人，而蔺相如的条分缕析、冷静果决以及最终的"完璧归赵"之诺所表达出的誓死捍卫赵国名誉的勇决无不告诉赵王，"智勇"过人的蔺相如就是最好的选择。

　　至此，基于生1最初的疑问，师生不仅在文本细读的过程中梳理了蔺相如进言的层次及言辞背后的形象，更借由历史细节的捕捉真切地体认了赵王与赵国所面临的窘境。也为后续针对蔺相如在秦国进退选择的讨论做足了准备。

　　再看生2和生3围绕完璧归赵而提出的质疑：蔺相如面对秦王的"斋戒""设礼"还心存戒备是否小题大做？后文秦对赵的攻伐是否是对这次被戏弄的报复？

　　教师可以引导学生细化问题指向，如果说之前生1的问题最后导向了赵王的心理，那么生2和生3的问题最终则将我们引入了秦王的内心世界——秦王真的想给蔺相如城池吗？秦王后来攻打赵国是为了报被戏之仇吗？

　　针对前者，学生再次以文本细节为据予以回应：

　　生7：秦王显然就没打算给赵城池，此前在"章台"会见蔺相如，拿到玉璧就传示"美人及左右"，都体现了他"无意偿城"，虽然后来秦王道歉并召来官吏划出十五城范围，但这都是在蔺相如以死相逼的条件下，为了保全和氏璧而做的，难以保证秦王会严格执行。蔺相如给出和氏璧是瞬间之事，而要完成城池的交割却难以速成。

　　生8：蔺相如后来自己也解释了原因，虽然是面对秦王的说辞，但也可以供我们了解当时更多的背景信息——"秦自缪公以来二十余君，未尝有坚明约束者也"。可见秦君在背信弃约、巧取豪夺方面

于无疑处生疑

已然是老手了,劣迹斑斑加上眼下的恶形恶状,也难怪蔺相如会严加提防。而且如若秦王真的有意完成约定,正如蔺相如所言,先给城池,赵怎么会不给和氏璧呢?而后文"秦亦不以城予赵"更是坐实了秦王的骗局。

而对于后者,学生却产生了动摇,从上下文的逻辑关系来看,似乎确实不能排除秦王报复的意图,那蔺相如的全璧之举也就难以免责了,但历史现场真的如此吗?

据《史记·赵世家》中记载:"秦怨赵不与己击齐,伐赵,拔我两城。十八年,秦拔我石城。"[①]原来,秦国攻打赵国的原因是赵惠文王单方面地退出了和秦联手攻打齐国的计划,这才招致了秦国的不满和惩戒。赵惠文王二十年(前279),秦军又在赵国边境地区发起攻击,这次由于赵军的顽强抗击,秦军伤亡惨重,被迫退兵停战,秦军的攻势被遏止了。尽管赵国此次打了败仗,并且损失了两万多军队,可是仍有力量继续抗击强大的秦军。秦昭王在求胜不得、进退两难的情况下,派出使臣到赵国求见赵惠文王,约定赵惠文王到秦国大兵云集的边境小城渑池会谈。至此,学生不难发现,完璧归赵一事并非这场战争的主要起因,文中这句话主要是引出下文的渑池之会。可见,我们不能凭此战役来否定蔺相如完璧归赵的价值。与此同时,教师应进一步有意识地提醒学生:基于文本的推测需要在相关历史背景的印证下才能辨明对错。

至此,通过对于学生质疑的谨慎求证,学生不仅改变了此前对于蔺相如"小题大做"的印象,还在对真实困境的还原中更真切地理解了蔺相如——赵所面对的是一场彻头彻尾的骗局与羞辱,因此,蔺相如完璧归赵的壮举不仅替赵王捍卫了璧的所有权,更展现了在强权威逼之下赵国的尊严。而这一艰巨任务之所以得以完成,离不开蔺相如对局势的清醒判断和急中生智又豁出性命的智勇双全,无怪乎

[①] 司马迁.史记:评注本(2)[M].韩兆琦,评注.长沙:岳麓书社,2012:690.

太史公要赞其曰:"其处智勇,可谓兼之矣!"①

二、疑问生成——传主关系

也正是这番围绕蔺相如的大讨论让学生在课堂上萌生了新的疑问:本文标题为《廉颇蔺相如列传》,既然是合传,为何蔺相如如此大放异彩?甚至在"将相和"情节中廉颇更是似乎沦为了衬托蔺相如的"丑角"?

为了解答该疑问,教师不妨让学生自行梳理、探究一下文本中与廉颇相关的叙述段落有何作用,以便于学生在整体观照和细节补充的过程中领悟太史公谋篇布局的苦心。

学生不难发现:合传以廉蔺二人的身份差距开篇,一位是"大破"齐国、"拜为上卿"、勇武之名显赫的"良将",而另一位则只是宦者缪贤的"舍人"。第二次提及廉颇则是赵王与近臣商议"以城易璧"阴谋之时,首先这说明廉颇确实位高权重以至于能够参与这场攸关国运的核心决策;其次,此次会议"计未定"、人"未得"的结局也暗示了廉颇对此也是无计可施,在后文蔺相如完璧归赵赫赫光芒的掩映下,廉颇似乎显得更黯淡了。第三次出场则围绕着渑池会事件,从会前与蔺相如共同进言、道明利害,到途中诀别时定下另立新王之约,再到尾声中"盛设兵"的支援,充分体现了廉蔺合作之于赵国的重大意义。表面上看,是蔺相如在台前捍卫赵王荣誉,但整体而言,若没有廉颇的武力支援,秦王也不会不敢奈何。而且更为可贵的是,廉颇不单单是勇武过人,在与赵王诀别的一番对话中,廉颇充分表现了他作为军事家足智多谋的一面:除了设兵防备眼下的危机外,他还洞察了秦王潜在的阴谋——劫持赵王,趁国内无君一举伐赵,并且还冒着被赵王猜忌的风险,这才提出了另立新王的约定。因此,秦王面对的挑战不仅仅是蔺相如在渑池会中表现出来的舍身护赵的勇气,还有

---

① 司马迁.史记[M].北京:中华书局,2011:2157.

于无疑处生疑

廉颇等武将全副武装、捍卫国家、不死不休的决心。然而,此次渑池会的完美合作却无意中由于赵王"以相如功大"的判断而引发了后文中将相失和的危机,也是围绕廉颇的第四次集中叙述:作者以廉颇的自我剖白和对外宣言揭示其不平根源——出身卑贱的蔺相如以口舌之功在短时间内官拜上卿,他的功绩能有我多年攻城略地来得大?我怎能咽得下这口恶气!我一定要当面羞辱他!这番看似鲁莽的冲动言语可与后文廉颇的行为对读——堂堂上卿,由蔺相如门客引导着"肉袒负荆"来到蔺相如门前,不仅自称"鄙贱之人",还首次尊称蔺相如为"将军",惭愧不已地赞其"宽之至此"。倘若说此前不可一世地扬言要侮辱蔺相如是由于廉颇认为自身利益受到对方侵犯,那此刻令廉颇卑微如此的对象则不仅是蔺相如深明大义的伟岸人格,更是大于一切的赵国危亡。廉颇为了自己而傲,又为了国家而卑,此屈伸之间,不仅成就了将相和的佳话,更塑造了廉颇爽直忠心的人物形象。

当学生将这四个历史镜头中的廉颇读懂后,二人合传的篇幅问题便迎刃而解了——廉蔺皆为赵之重器,二人相辅相成,又在经历嫌隙之后重为"刎颈之交",齐心协力为赵献身。

此时教师可进一步补充《廉颇蔺相如列传》的完整文本,学生便会惊奇地发现,还有两个篇名中没有包含的对象也是这篇传记的传主——赵奢、李牧。

而若沿着此前研读廉颇片段的思路,学生便会进而探索到四人合传的原因——由这四位赵国忠臣良将的人生轨迹串联起赵国的兴亡盛衰。此刻再反观全篇中太史公对廉颇的用墨,不难发现,通篇传记主要分段记叙了蔺相如、赵氏父子和李牧的生平,而廉颇作为三朝老臣则巧妙地串联起了诸人的命运轨迹——与蔺相如、赵奢同朝齐心,却遭赵括顶替将位,被赵悼襄王猜忌后逃往魏,而李牧得到启用。而纵观四位忠臣良将的结局,除了赵奢、蔺相如得以善终外,廉颇和李牧都在赵国生死存亡的关头遭人构陷、不被重用。而李牧在廉颇远逃魏国后被启用的时机更是不免让人联想到英雄悲剧命运的延续性。当骁勇善战、谋略过人的武将一而再、再而三地被君主猜忌夺权，纵使廉、蔺、赵、李个人实力再强大、再能拧成一股绳般为赵献身，都也难敌赵国江河日下、大势将去的命运了。如此看来，廉颇确是解读此篇合传的钥匙，无怪乎太史公要将此篇命名为《廉颇蔺相如列传》了。

三、收束延伸——如何回到历史现场？

在酣畅淋漓的解读过后，教师仍可进一步引导学生由《廉颇蔺相如列传》链接到"回到历史现场"单元：阅读了数篇人物传记后，我们如何穿透历史的迷雾，回到历史现场，看到这些真实的人？

屈原自投汨罗有意义吗？苏武的宁死不降是愚忠吗？荆轲刺秦好像雷声大雨点小？信陵君的礼贤下士是不是作秀，他略显僭越的决策是否合适？蔺相如是不是小题大做？正是这些疑问映射出现代话语体系与传统价值观的碰撞。

屈原自投汨罗前后发生了什么？与苏武相对的那些投降的"替身"因何而降？荆轲刺秦的背景是什么？信陵君如果不"僭越"会发生什么？蔺相如是否面临"小题"，他的"大做"又有何意义？正是这些引领我们回到历史现场的疑问和由此而生的探究过程让我们褪去现代人的"滤镜"，并且以当时的价值体系重新审视这些真实的人和事。

只有经历了反复的"生疑-实证"循环后，我们才能真正看到：屈原面对浊世厄运，以自投汨罗成就自己的坚守；苏武面对威逼利诱，以苦守北海书写自己的信仰；荆轲刺秦，虽败犹荣；信陵君窃符救赵，仁中见义，勇中见智；廉蔺同心，共御国难。

除了更加了解这些传主的心与行，我们还透过这些璀璨群星一览古代英雄的精神脉络——这些英雄人物，他们无私忘我，不辞艰险，为国家利益而英勇奋斗；他们共生共荣，最终汇聚成强大力量，改

于无疑处生疑

写并创造了历史。恰如鲁迅所言:"我们从古以来,就有埋头苦干的人,有拼命硬干的人,有为民请命的人,有舍身求法的人……虽是等于为帝王将相作家谱的所谓'正史',也往往掩不住他们的光耀,这就是中国的脊梁。"

与此同时,当我们在关注蔺相如、廉颇、赵王、秦王等伟大人物的时候,我们是否关心过诸如缪贤、侯嬴此类小人物?在这些绿叶的陪衬下,这些大人物的形象才显得如此高大光辉。这样默默无闻的小人物在《史记》中实难尽数,他们也都在用自己的方式传达着小人物的道义和精神,书写着普通人物的英雄传奇。他们在历史上或许只是微不足道的一粒尘埃,但倘若没有这些人微言轻的小人物,历史之船又将驶向何处?

我们总是在不同的时代和地点,以不同的目的,从不同的立场和角度,对历史进行着诠释,正是这些不同语境下的不尽相同的表述层层叠加,才使得史书所表明的意义已远远超越"历史"本身。只有当读者将当前的生活经历及情感体验与历史现场重合时,人们才能真正认识历史、品评历史。

当我们打开异彩纷呈的历史画卷时,每一位读者都会依照自己的审美观和价值观做出自己的评判和取舍。如果今天的我们都持有一颗对历史人物的敬畏之心,我们便能回到历史现场,客观公正地看待历史,进而更好地传承中华历史文明。

教学流程

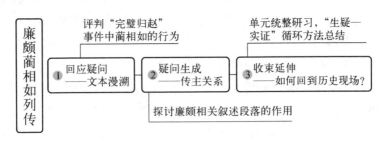

因文制宜

《廉颇蔺相如列传》是一篇家喻户晓的人物传记,蔺相如机智勇敢、廉颇知错能改的人物形象早已深入人心,成为了人们心中敬仰的英雄楷模。也正是因为这份熟知,当我们在高中阶段再次面对这样一篇再熟悉不过的经典旧文时,我们会发现对作品中人物形象的分析会在无形之中被这些早已固化的结论所束缚。那么,我们之前所得出的结论是否存有疏漏或偏颇,我们的分析是否符合作者创作的本意,两者间又存在着怎样的区别与联系?我们怎样才能全面理性地看待一位历史人物?这是我们学习本文后所要总结和反思的。

1. 文本阅读:局部中的整体之质

读史传作品,不能只读局部,而要从整体入手。尤其是教材选文,看似精华,但也有可能一叶障目,我们往往在追求窥斑见豹的速成中,遗失了史书的本真。教材编写者对史书作品的处理往往立足于发挥教学功能,达成教学目标,这样的文章节选势必会造成对史书形神整体建构的肢解,断章的结果会造成我们对人物形象的分析存在过程性的偏差,从而带来评价的片面化、单一化。

2. 解读观念:回归后的超越之向

对于像《史记》类兼具文学性和史学性的作品,所遵循的解读观念非常必要。首先要回归历史现场,从细处着手,设身处地从当时的历史情境去认识他们的人生进程,在字里行间中体会作者创作的良苦用心。其次要超越历史现场,这是指今人在思考揣摩的过程中,要多元辩证,不仅要认清历史人物的长处与不足,还要提出解决历史人物处境的方法。在一来一去的反复推敲中,尽可能还原历史的本来面貌,又能将现实和历史接洽,从而得出更具思辨性的新认知。

3. 阅读生成:感性中的理性之维

文学语言往往具有一定的张力,是作者思想情感集中丰富的表达。而读者在阅读文学作品的过程中,又会将自己的情感叠加在作者的文字表述中,从而使作者和读者情感相互作用,并最终产生一种新的理解。这一新理解,即读者在与文本互动中产生的创造性效果。创造性效果基于个体理解而产生,但依然受制于文本、历史事实、约定俗成等客观性要素。理性是对感性的纠偏,我们在进行阅读生成时,切不可脱离文本、历史等客观性要素,任意生发,仅从主观的审美自洽中得出想当然的结论——质言之,阅读生成,要具备理性思维的逻辑。

4. 秉持态度:承继后的发扬之意

读史传作品,不仅仅是读语言文字,还要读出其背后承载的思想精神。因此,我们在解读史传作品时,首先要尊重作者写史的价值诉求,而不是一味地将自己的思想观念强加于作品之中,要尽最大的可能去贴近作者的所思所想,最大限度地还原作品的本色,真正领悟作者的思想。当然,将今人的思想观念正确地融入到作品分析中,也是对作品新时期下的现实价值的有益探索。

■ 思维导览 ■

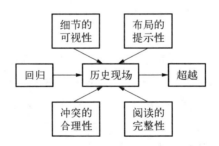

动之以"利",明之以"礼"

——从《烛之武退秦师》看史观背景下的文学作品解读

阅读导引

烛之武,一个千古流传的名字。初读《烛之武退秦师》,我们无不为烛之武的机智善辩与果断聪慧所折服——他的铮铮铁骨感动着一代又一代读者。但当我们进一步勾连其他文本进行对比阅读,就会发现,"烛之武的铮铮铁骨"似乎值得进一步推敲。

在《春秋》中,描述"烛之武退秦师"这段历史的只有一句话:"晋人、秦人围郑。"[1]所以从历史语境看,烛之武其实并未得到重视,不仅其身份、家世等关键信息皆模糊不清,"退秦师"这段历史似乎也并不是非谈不可的大事,因此与其说是历史造就了烛之武,不如说是左丘明造就了烛之武。

那么左丘明为何要着意去刻画烛之武与秦伯的谈话过程呢?文末段无疑给了我们某种深刻的启发:

子犯请击之,公曰:"不可。微夫人之力不及此。因人之力而敝之,不仁;失其所与,不知;以乱易整,不武。吾其还也。"亦去之。

晋文公的"不可""不仁""不知""不武"展现了一代霸主的政治远见和礼义道德,对晋文公身上"礼义仁德"观念的倡导,或许才是左丘明写本文的真正意图。

---

[1] 春秋左传集解(1)[M].上海:上海人民出版社,1977:394.

于无疑处生疑

字斟句酌

晋侯、秦伯围郑，以其无礼于晋，且贰于楚也。晋军函陵，秦军氾南。

佚之狐言于郑伯曰："国危矣，若使烛之武见秦君，师必退。"公从之。辞曰："臣之壮也，犹不如人；今老矣，无能为也已。"[细品该句中的语气词"犹""也已"，你能体会到这两处语气词背后体现了烛之武怎样的一种心理状态?]公曰："吾不能早用子，今急而求子，是寡人之过也。然郑亡，子亦有不利焉。"[既然是寡人之过，那应是发自肺腑的吐露；可此处的语言却似乎略显苍白，突出的仅是一个"利与不利"的关系选择，对此，你怎么看?]许之。[为何烛之武在听到"不利焉"的时候"许之"，对于烛之武而言有何不利呢?]

夜缒而出，见秦伯，曰："秦、晋围郑，郑既知亡矣。若亡郑而有益于君，敢以烦执事。越国以鄙远，君知其难也。焉用亡郑以陪邻？邻之厚，君之薄也。若舍郑以为东道主，行李之往来，共其乏困，君亦无所害。且君尝为晋君赐矣，许君焦、瑕，朝济而夕设版焉，君之所知也。夫晋，何厌之有？既东封郑，又欲肆其西封，若不阙秦，将焉取之？阙秦以利晋，唯君图之。"秦伯说，与郑人盟。使杞子、逢孙、杨孙戍之，乃还。[无论是过往历史还是现实将来，你是否发现烛之武用多种论据、从多种角度处处进行"利诱"的暗示?]

子犯请击之，公曰："不可。微夫人之力不及此。因人之力而敝之，不仁；失其所与，不知；以乱易整，不武。吾其还也。"亦去之。①[这一段看似与烛之武形象塑造无关，那是否能够删去？如若不能，又会对烛之武人物形象的塑造产生怎样的作用呢?][假设左丘明是要借助本文批判烛之武，那又为何大费周章，先是积极呈现其"爱国行为"，后又大加渲染其"利诱"的过程，使其形象来了180°逆转，何不直接塑造一个反面的烛之武来得更加直接明了呢?]

[前三段倡导"利"，最后一段通过四"不"转向了对"礼"的尊崇，那么作者究竟想要表达什么呢？]

---

① 普通高中教科书·语文必修(下册)[M].北京：人民教育出版社,2023：10-11.

教学现场

一、文本聚焦——智退秦师

要解答上述问题,首先要仔细阅读文本,对于学生而言,最感兴趣的莫过于文中精彩的论战。春秋时期,诸侯争霸,尤以晋楚为甚,城濮之战后,秦晋联盟对敌,首选毗邻晋国边境的郑国,这是必然。而对于郑国,处于四战之地,为求自保,不得已游走在强国之间,得罪任何一方都会招致杀身之祸,郑国的处境实在艰难。生死存亡之际,烛之武挺身而出,用精妙的说辞化解了这场危机。谢有辉曾言"烛之武一言,贤于十万师",绝非过誉。那么,烛之武在150字之内是如何一步步说服秦穆公的呢?这首先就引发了学生的兴趣。

生1:两军交战,敌方使者来见,这多少有点忌讳。烛之武深谙此理,为了达到夜访的真正目的,在与秦穆公交谈时,避而不谈郑国的危难,因为郑国灭亡已成事实,"秦、晋围郑,郑既知亡矣"。转而从秦国利益出发,"若亡郑而有益于君,敢以烦执事"。这首先就迎合了秦穆公的心理,为双方继续展开深入对话提供了可能。

生2:我觉得烛之武对话的口吻更像是秦穆公身边的谋士,始终从关心秦国的角度出发分析得失利弊。"越国以鄙远,君知其难也。焉用亡郑以陪邻?邻之厚,君之薄也。"正因为烛之武的这番"肺腑之言",将秦穆公对自己的敌对转变为好感,继而转化为信任,烛之武才可以将郑国生死存亡的话题巧妙地隐伏在如何利秦的话题下继续予以实施。

生3:烛之武还进一步提出了自己的大胆设想:"若舍郑以为东道主,行李之往来,共其乏困,君亦无所害。"秦国其实不需要大动干戈,就能收服郑国,还能让郑国成为秦国日后东进路上的帮辅,这样的好事为何不考虑一下呢?烛之武的建议非常具有诱惑力啊!

生4:烛之武最后还以史为据,彻底动摇了秦穆公的内心防线。

"且君尝为晋君赐矣,许君焦、瑕,朝济而夕设版焉,君之所知也。"难道秦穆公还要继续重演"农夫与蛇"的故事吗?再说郑国已经到了灭国的边缘,都说"人之将死,其言也善",烛之武的一句"阙秦以利晋,唯君图之"看似无奈,却早已成竹在胸,他料定秦穆公将会一改初衷。

在这一教学环节中,学生发现烛之武采取了高超的攻心战术,他设身处地,处处为秦国利益着想,却一步步引导着秦穆公对目前的形势做出判断,在对比自己的所作所为后,秦穆公怎能不会有所警觉?烛之武用历史和现实告诉秦穆公,秦国的潜在之敌,不是郑国而是晋国。烛之武充分展现了他化解危机时的冷静与从容,运筹帷幄时的胆识与策略,在学生的心目中,他就是一位大智大勇的爱国英雄。

二、文本质疑——形象分歧

但也有学生在分析烛之武这一人物形象时,表达了不同的看法。烛之武的确充分展示了自己高超的论辩之术,但是他的方案只是解决了一时的危机,随着之后的形势千变万化,他的建议反而为郑国安危埋下了祸根,最直接的证据就是不久之后发生的殽之战。"杞子自郑使告于秦曰:郑人使我掌其北门之管,若潜师以来,国可得也。"从这段文字中,可以预料到秦郑之间虽然在表面上达成了盟约,可秦穆公却乘机以烛之武提出的"若舍郑以为东道主"为由,将秦军一部分军力留在了郑国,名义上是保护同盟国,其实为自己进一步吞并郑国埋下伏笔。而郑国只是换了一种方式苟活了下来,因此烛之武并没有真正解决郑国的危机,他只是延缓了郑国的灭亡而已。为此,有学生认为烛之武的形象并不能简单地用大智大勇的爱国英雄去褒扬,而只能用谋士投机钻营的眼光去审视,充其量也只是一种小智谋。

还有学生认为,秦穆公突然变卦,欣然采纳烛之武的建议,说明秦晋之间的同盟并非我们想象的那样坚不可摧,他们之间其实早已存有分歧,不然仅凭三言两语就能轻易改变两国同盟,未免有些儿戏。反观烛之武劝退秦军的整个过程,还有许多可疑之处值得推敲,比如烛之武举证"晋背盟约"的历史事实,难道当事人秦穆公真的就忘记了吗?可秦穆公却依旧心甘情愿地跟着欺骗自己的晋文公一起来攻打郑国,这又说明了什么呢?至于在聆听了烛之武一番劝谏之后,秦穆公幡然醒悟的表现,难道我们就没有怀疑过这样的转变是否合乎情理吗?在研习文本的过程中,学生之间对于烛之武等人物形象的分析产生了分歧。

三、文本调整——史观介入

面对这些分歧,我们又该如何准确分析烛之武的人物形象呢?秦、晋、郑三国之间的关系究竟应该如何评价呢?在写作本文时,作者在处理人物以及历史事件时,其背后创作的方式和动机又有着怎样的考虑呢?这些疑惑都成为了进一步实施的教学期待。

此时有学生注意到,教材中的"学习提示"为我们提供了一条很好的研习思路,我们不妨先来看看这段文字:

史书以记事为本,在历史叙述中也常透露出一些思想、观念。《左传》重视"礼",常以"礼也""非礼也"评述所记的历史事件,也常以历史人物的话来自我诠释"礼"的重要性。秦、晋围郑是因为其"无礼",晋文公认为进攻秦军是"不仁""不知""不武",因而被古人赞为"有礼"。该如何理解这里说的"礼"?秦先与晋联合围郑,后又"与郑人盟",秦的行为合乎"礼"吗?思考这类问题,对春秋时期军事、外交活动中的行为准则会有更深入的认识。

这段文字引发了师生的思考,如果从这段学习提示入手,我们之前对作品的分析会不会忽略这条最重要的原则——"礼"。回看之前的分析,我们有没有遵循这条原则呢?我们的分析是否能准确地与作者写作的意图形成对接呢?带着这些疑问,师生围绕"礼"这条重要线索,对文本重新做了一番梳理。

生5:在整个事件中,晋文公仅凭一句"以其无礼于晋,且贰于楚也",就将此作为动武的托辞,那么晋文公所说的"无礼于晋",事实是怎样的呢？我们可以依据课文中所提供的注释，大致了解到当时的情况：晋文公早年出亡经过郑国，郑国没有以应有的礼遇对待他。至于具体情况是什么，教材中没有做出详细的解释。这是我从本文中找到郑国"失礼"的唯一一条线索。

与此针锋相对的是，有一大部分的学生反而将晋文公无礼的事实也做了条分缕析，其中最重要的有两点。

生6：最直接的证据就是之前提到的晋文公"朝济而夕设版焉"，明明自己就是一位言而无信之徒，却偏偏打着"礼"的旗号，还要拉着曾经被自己欺骗的秦国来帮自己攻打郑国，这样的说辞实在可笑。

生7："夫晋，何厌之有？既东封郑，又欲肆其西封，若不阙秦，将焉取之？"烛之武还善意提醒秦穆公：您对晋重情重义，可晋文公未必如此，他不仅要消灭郑国，未来他还妄图将秦国掌控在自己的手上。这是一位居心叵测、贪得无厌之人，你以"礼"相待，换得的结果却可能是引火烧身！这样做不值得啊！

紧扣作者写史秉承的"礼"这条原则，学生开始重点关注国家及个人在"礼"上的各自具体表现。有学生提出，真正"无礼"的不是郑国、秦国，而是晋国，晋文公的种种做法的确是失礼的。但是也有学生提出，烛之武在文中也没有表现出礼的特征，只是因为他对秦国利弊得失的精辟分析，才最终打动了秦穆公。因此，烛之武和秦穆公也都是唯利是图之人，他们并没有表现出比晋文公高明的地方。那么，学生这样的分析是否存有偏颇呢？

四、文本循环——礼的追问

为此，学生仔细研读文本，提出了以下几个问题，进一步激发了大家对"礼"的追问和反思。

其一，在翻阅其他相关史书之后，自始至终没有找到有关郑文公对晋文公重耳"无礼"的详细记载，这是否能证明郑文公的清白，当年他并没有失礼。

其二,"晋军函陵,秦军氾南"。在晋国的口号鼓动下,秦国千里迢迢越过晋国来攻打郑国,难道只是为了要教训"无礼"的郑国?

其三,秦穆公在听完烛之武的分析后,竟毫不犹豫地从前线撤军,还与郑国达成盟约,这种抛弃友军背信弃义的做法就合乎"礼"吗?

关于第一个问题,补充阅读材料《史记·晋世家》中的一段对话引起了学生的关注。郑君曰:"诸侯亡公子过此者众,安可尽礼!"郑文公的弟弟叔瞻回应了一句:"君不礼,不如杀之,且后为国患。郑君不听。"学生从中窥见了一些事实真相。

生8:这段对话证实了当年郑文公的确是失礼的,我们可以想象一下,郑文公当时那种不屑的神情,是不是已经跃然纸上?但郑文公也没有错,他说了一句大实话:不接待流亡的公子或者接待哪位流亡公子,这都是我的自由,你重耳凭什么就说我无礼了?

生9:郑文公在外交和军事上墙头草两边倒的做法让人不快,此时日益强大的晋文公新仇旧恨一起算,讨伐这个失信失礼的两面派,也情有可原。

于是,学生得出了这样的结论:当年郑文公没有礼待重耳,如今晋文公怀恨在心,攻伐郑国,这个失礼的罪名其实就是晋文公借题发挥,而郑文公见风使舵,为自己找来兵祸也是咎由自取。

关于第二个问题,秦军为何要千里迢迢长途奔袭来攻打郑国呢?这于情于理都说不通啊,明知道对自己无多大益处,但是秦军还是来了,为什么呢?

生10:我查阅了史料后发现,重耳在外流亡十九年,备尝艰辛,最终得秦穆公之助为晋君。其后,秦晋间一直保持着密切友好的关系。我推测,此次攻打郑国,晋国联手秦国,不仅可以利益共享,还可以借此巩固两国亲密无间的友好关系,一举两得之事,何乐而不为?

在第二个问题的研习上,学生取得了一致意见,秦穆公和晋文公能达成一种默契,其实有着利益上的互助和一致性,两国共同高举道德的大旗,向郑国大动干戈也就成为必然。

至于第三个问题,学生在探讨中产生了分歧,形成了两种不同的观点。一部分学生认为秦穆公的做法肯定是不合礼仪的,作为盟友,就不应该出尔反尔。秦穆公不能为了眼前利益而破坏多年的盟友关系,这样的做法明显不懂礼、不守礼,在诸侯面前反而会成为笑柄。而另一部分学生则认为,作为盟友,晋文公之前背信弃义不守礼是事实,如今联手秦国,美其名曰利益共享,其实还是一家独大,晋文公的做法一贯损人利己,秦国撕毁盟约,不需要背负道德上的指责,反而在"礼"这一道德准绳下,晋文公伪善的面具被无情撕开。秦晋两国随时都有分崩离析的时候,这是必然结果,只是时间早晚而已。

五、文本完善——重利轻礼

至此,学生普遍认为,对烛之武的人物形象重新进行审视,是完全有必要的。尤其是在作者写史原则——"礼"的关照下,既要看到人物形象的复杂性,更要看到其特殊性,只有这样才能真正读懂读透《烛之武退秦师》的真正写作意图。

起初不肯接受任务的烛之武为何最后还是被说动了,郑文公一句"然郑亡,子亦有不利焉",颇值得回味,烛之武内心虽一百个不情愿,最后"许之"不正是对自身利益的考虑吗?而烛之武在劝服秦穆公时,更是处处以"利"诱之,"若亡郑而有益于君,敢以烦执事""邻之厚,君之薄也""阙秦以利晋"这样的词句充斥着全文,秦穆公最后退兵,不也是因为他认可了烛之武对秦国利益得失的分析吗?晋文公得知秦国背信弃义后为何没有对秦国动武,不也是因为考虑到攻袭秦军的后果是弊大于利,冠冕堂皇的说辞不正是他内心虚妄的表现吗?"天下熙熙皆为利来,天下攘攘皆为利往。"一个"利"字才是主导这场军事行动的目的,整个故事也折射出了春秋末期,各诸侯国为了利益而互相倾轧、尔虞我诈的嘴脸。

如果将整个故事的起因、经过、结局来一次小结，就不难发现这次争端的背后其实始终没有脱离一个"利"字，"利"才是根本。而本应重视的"礼"似乎只是幌子，隐伏在作品之外，容易被忽略，从而造成我们今天在解读作品时重"利"而轻"礼"。

六、文本总结——文史兼备

《烛之武退秦师》作为一篇纯粹的文学作品收录在高中语文教材中，我们势必首先会以文学作品的形态去解读，这一点无可厚非。但同时它出自史家之手，还是一篇史传，又必定受到史家史观的约束，教材中学习提示部分也明确告诉我们《左传》重视"礼"。因此，我们又不得不知人论世，了解了那个时代的主流意识形态——礼，才能正确解读史传作品《左传》。这类作品的双重特性，也对我们提出了较高的研读要求。

《汉书·艺文志》载："左史记言，右史记事，事为《春秋》，言为《尚书》。"礼是春秋社会的核心观念，司马迁认为《春秋》是"礼义之大宗也"（《史记·太史公自序》），《左传》"以礼释《春秋》之事，以礼释《春秋》之制，以礼释《春秋》之义"[①]，《左传》的史观就是"礼"。《春秋》所记载"鲁僖公三十年"的史事中，有关《烛之武退秦师》只记录了一句话，其原文是："晋人、秦人围郑。"而《左传》却详尽细化了这一史实，将事件全过程记述了下来，这一过程势必会将"礼"作为写史的核心视角，在"礼"的引领下表现史实的意义和人物形象的塑造。

据此，我们就不难读到另一层面意义上的《烛之武退秦师》。春秋时期是一个危机四伏、礼崩乐坏的时代，孔子曰："天下有道，则礼乐征伐自天子出；天下无道，则礼乐征伐自诸侯出。"（《论语·季氏》）这就是礼制。郑文公先前确实"无礼于晋"，但"晋侯、秦伯围郑"明显

---

① 王竹波.论《左传》"以礼解经"[J].现代哲学，2012(4)：105.

是"天下无道"的违背礼制之举。此外,秦晋联合伐郑原因各不相同,正如学生之前分析的,有一点是相同的,那就是各有各的利益打算,而这种建立在利益基础上的联盟是不牢固的,一旦利益受损,所谓联盟自然破裂。而至于秦穆公临时改变主意,宁可冒着得罪晋国的危险也要站在郑国一方,这更是利益使然。于是,我们在文中看到烛之武处处以利诱之,他给秦穆公分析的是实实在在的利益,这就让秦穆公不得不重新思考大国之间的联盟是否还有存续的意义。由此可见,在这场战争中,郑文公是个见风使舵之徒,秦穆公是个见利忘义之徒,晋文公是个得寸进尺之徒,他们的行为完全是违背礼制的。关于烛之武,其身份也只算作一位士人。对于当时的士人而言,一方面想要建功立业,必须依附于某个诸侯;另一方面,他们又可以在不同君主之间有所选择,依附于那些欣赏他们的人,这对于维护他们的精神独立有其积极的一面。在那个恃强凌弱、朝秦暮楚的时代,"礼"早已名存实亡,烛之武利诱秦穆公的策略,只会让他"巧言令色、卑谄足恭"的形象更加鲜明,所以烛之武的形象并不是那么正面。

在作品中,左公没有任何评述,只是用春秋笔法忠实地记录。也正是左公略带文采的记述,在文学鉴赏的层面留给了我们师生更多的发挥空间,于是我们又得出了一个文学层面的人物形象,而这多多少少有点篡改左公创作的初衷。因此,当我们今天再次捧读史书时,切莫忘记修史的目的在于惩恶扬善、资治通鉴,史家是有史观的,自古皆然。清代学者章学诚提出:"史所贵者义也,而所具者事也,所凭者文也。"①"义"指历史观点,"事"指历史事实,"文"指著史的文笔。在章学诚看来,具备"义、事、文"方可称为"史学",三者之中以"义"为主,而"事"与"文"则是求"义"的根据和技巧。总之,先要求得正义,方可用现代的眼光和宽广的眼界去关照。否则,我们在读史学作品时,也只能读其片面,而不着本质,这就会造成对史学的误读和错读。

---

① 章学诚.文史通义[M].上海:上海古籍出版社,1956:144.

教学导览

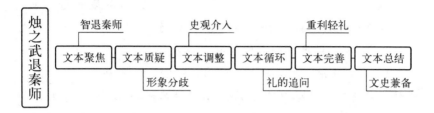

因文制宜

乍一看，烛之武身上的"爱国"与晋文公的仁义道德有共通之处，文章立意也能够前后自洽。但如若我们细细推敲烛之武的整个游说过程，却会心生疑惑：烛之武真的是"礼义之士"吗？相信各位学生也都发现了些许端倪——烛之武的游说过程，似乎是"利诱"的过程：劝说的全部说辞，明里暗里都在对秦伯以利相诱，最终说服了秦伯。从烛之武的行为内涵看，其整个游说过程与文末段的"仁义道德"不一致，其行为并不合"礼"，烛之武反而是一位不讲"礼"的势利小人。

如若我们再引入《殽之战》《东周列国志》与《烛之武退秦师》进行对读，对烛之武"爱国志士"身份的质疑，会显得更为强烈。

《殽之战》发生在《退秦师》之后，郑国再次陷入了更大的危机中——秦军袭郑。因此《退秦师》中的"退"实质上更多的是一种"短暂的和平"，杞子自郑使告于秦曰："郑人使我掌其北门之管，若潜师以来，国可得也。"此时"留守"郑的秦国大夫杞子向穆公密报，说他们掌握着郑国都城的戍防，建议穆公派兵偷袭郑国，那么郑国可灭。事情并没有朝好的方向发展，反而是引狼入室。从这个角度，你又该如何看待当年烛之武所谓"智退秦师"呢？烛之武运用所谓的策略真的出色完成了郑伯托付的使命吗？你对其形象又会做出怎样的评价？

在《东周列国志》中，冯梦龙以恢宏恣肆的想象力再现了他所理

177

于无疑处生疑

解的东周往事,其笔下的烛之武是这样的:

> 大夫叔詹进曰:"秦、晋合兵,其势甚锐,不可与争。但得一舌辩之士,往说秦公,使之退兵。秦若退师,晋势已孤,不足畏矣。"郑伯曰:"谁可往说秦公者?"叔詹对曰:"佚之狐可。"郑伯命佚之狐。狐对曰:"臣不堪也,臣愿举一人以自代。此人乃口悬河汉,舌摇山岳之士,但其老不见用。主公若加其官爵,使之往说,不患秦公不听矣。"郑伯问:"是何人?"狐曰:"考城人也,姓烛名武,年过七十,事郑国为圉正,三世不迁官。乞主公加礼而遣之!"郑伯遂召烛武入朝,见其须眉尽白,伛偻其身,蹒跚其步,左右无不含笑。烛武拜见了郑伯,奏曰:"主公召老臣何事?"郑伯曰:"佚之狐言子舌辩过人,欲烦子说退秦师,寡人将与子共国。"烛武再拜辞曰:"臣学疏才拙,当少壮时,尚不能建立尺寸之功,况今老耄,筋力既竭,语言发喘,安能犯颜进说,动千乘之听乎?"郑伯曰:"子事郑三世,老不见用,孤之过也。今封子为亚卿,强为寡人一行。"佚之狐在旁赞言曰:"大丈夫老不遇时,委之于命。今君知先生而用之,先生不可再辞。"烛乃受命而出。①

冯梦龙对这段历史发挥了自己的想象,郑伯给了烛之武一个"亚卿"的高位,且佚之狐在一旁极力劝说,烛之武才接下说服秦公的任务。如果按照冯梦龙笔下的烛之武形象去分析,你认为烛之武能被称作"爱国志士"吗?那么冯梦龙为何要以这样的方式去塑造烛之武呢,他是凭空臆想,还是受到了某些因素左右,从而完成了烛之武形象的重构呢?

结合以上反思,烛之武单一的"爱国志士"形象似乎被打破,而走向了多元。

从上述质疑中,我们不难发现,人物形象的解读除了受制于客观文本,还会受到基于个体差异的主观解读之影响。因此,人物形象存在多义性在于"阐释的多义",即通过文本的解读,不同的人在各自的

---

① 冯梦龙.东周列国志[M].长沙:岳麓书社,2014:309.

价值体系下会阐释出各美其美的人物形象。从意义的来源看,人物形象的确立,不仅可以由历史史实与作者建构赋予,还可以由"历史文化背景"与"读者的审美品读"等文化因素来赋予。通过对烛之武人物形象的质疑,我们从文学走向文化,人物意义由单一走向多元,一个栩栩如生的烛之武如现眼前,跨越千年,历久弥新。

思维导览

穿越时空的辟谣者

——共读《石钟山记》

阅读导引

《石钟山记》是一篇记游说理的散文,虽然文体是"记",却"以辩体为记体",把论断、说理与叙事、写景融为一体。文中表现出苏轼的质疑精神,也体现了他一贯的重视直接认识,不满足于间接认识的思想。在今天看来,这种求实的认识论是非常可贵的,带有现代科学的研究精神。何况苏轼还关注到了认识和表达之间的关系("渔工水师虽知而不能言")、经验与常识之间的关系("陋者乃以斧斤考击而求之,自以为得其实"),这就更加难能可贵了。

文章写得潇洒自如,虽无大起大落却自有内在起伏,尤其值得一提的是,作者将说理过程暗伏在形象的叙事之中,当我们自以为作者的观点已经明白显豁,不用再去探寻之际,许多值得思考的问题却不经意间呈现于我们面前。为此,我们需要张开自己的慧眼去细心发现,在无疑之中发现被我们忽略的问题,在释疑的同时也反思我们阅读学习中的思维漏洞。

字斟句酌

《水经》云:"彭蠡之口有石钟山焉。"郦元以为下临深潭,微风鼓浪,水石相搏[郦元的"水石相搏"说与苏轼夜探石钟山发现的"风水相吞吐说",有无本质上的区别?如果没有区别,那么文末"叹郦元之简"的说法能否成立?如果有

穿越时空的辟谣者

区别,那么"郦元之简"又"简"在何处?〕,声如洪钟。是说也,人常疑之。今以钟磬置水中,虽大风浪不能鸣也,而况石乎! 至唐李渤始访其遗踪〔作者在文末提出,在下结论前凡事都需要"目见耳闻",郦元"下临深潭"和李勃"访其遗踪"的发现之旅算不算"目见耳闻"呢? 对此,你有何看法〕,得双石于潭上,扣而聆之,南声函胡,北音清越,桴止响腾,余韵徐歇。自以为得之矣。然是说也,余尤疑之。石之铿然有声者,所在皆是也,而此独以钟名,何哉?

元丰七年六月丁丑,余自齐安舟行适临汝,而长子迈将赴饶之德兴尉,送之至湖口,因得观所谓石钟者。寺僧使小童持斧,于乱石间择其一二扣之,硿硿焉。余固笑而不信也。至暮夜月明,独与迈乘小舟,至绝壁下。大石侧立千尺,如猛兽奇鬼,森然欲搏人;而山上栖鹘,闻人声亦惊起,磔磔云霄间;又有若老人咳且笑于山谷中者,或曰此鹳鹤也。余方心动欲还,而大声发于水上,噌吰如钟鼓不绝。舟人大恐。徐而察之,则山下皆石穴罅,不知其浅深,微波入焉,涵澹澎湃而为此也。舟回至两山间,将入港口,有大石当中流,可坐百人,空中而多窍,与风水相吞吐,有窾坎镗鞳之声,与向之噌吰者相应,如乐作焉。因笑谓迈曰:"汝识之乎? 噌吰者,周景王之无射也;窾坎镗鞳者,魏庄子之歌钟也。古之人不余欺也!"〔"古之人不余欺也"中的"古之人"究竟指的是哪个人或哪些人,能否结合本文加以探究分析?〕〔"夜探石钟山"一段历来为人称颂,作者将其探险经历刻画得惊心动魄。如果和郦道元、李渤的探究石钟山命名真相的经历做一比较,你觉得本段还隐含着怎样的写作意图? 在解读作者"目见耳闻"这一观点时,你又会进一步产生怎样的想法?〕

事不目见耳闻,而臆断其有无,可乎? 郦元之所见闻,殆与余同,而言之不详;士大夫终不肯以小舟夜泊绝壁之下,故莫能知;而渔工水师虽知而不能言。此世所以不传也。而陋者乃以斧斤考击而求之,自以为得其实。余是以记之,盖叹郦元之简,而笑李渤之陋也。①

---

① 普通高中教科书·语文选择性必修(下册)[M].北京:人民教育出版社,2023:83-84.

于无疑处生疑

[俞樾《春在堂随笔》有这样一段记载:"余居湖口久,每冬日水落,则山下有洞门出焉……"俞樾是在冬季枯水期去考察,发现石钟山整体山形如钟覆地;而苏轼是在夏季涨水期考察,故未能发现。那么,苏轼是不是也犯了"事不目见耳闻"的错误呢?对此,你又该如何看待?]

教学现场

《石钟山记》收录于部编版高中语文教材选择性必修下册第三单元,对于高三学生而言,这篇游记语言简明,结构流畅,观点也显豁易懂,似乎没有什么"挑战"。就在师生都觉得已经读懂读透该文的时候,课上一位学生的疑惑还是引起了大家的一番讨论——"古之人不余欺也"中的"古之人"究竟是谁?

"古之人不余欺也",那苏轼对于石钟山命名原因的探索是否也"不余欺"呢?

一、梳理文本——"古之人"是谁?

教材注释将"古之人"理解为"称这山为'石钟山'的古代的人",这种解释起初获得了学生的支持。

生1:因为这番乐声证明了将此山命名为"石钟山"是恰如其分的,言之成理,而且毕竟是教材注释,总是更为可靠吧!

此番言论一出,学生都会心一笑,但是对提出该问题的学生却不认可。

生2:如果排除教材注释这种加成不管,我认为根据上下文来看,这里的"古之人"首先不应该是指命名的人,因为这和全文探讨的得名缘由无关。结合这个初始问题来看,我认为这里的"古之人"应该是指郦道元,因为上文语境是苏轼对儿子解释水声如乐,并变相重申了石钟山得名的原因正如郦道元所言——"水石相搏,声如洪钟"。

一石激起千层浪,这位"先驱者"的勇敢鼓舞在座学生结合文本细节发表自己的真实看法。

生3：刚才他是从结构上的呼应关系来说的，我很同意，另外我想从全文结构来补充一下。常规的游记思路都会介绍出游缘由、出游经过以及游后感受，本文结构也大致如此，第一、二段交代出游的主客观原因——对石钟山命名原因的疑惑以及送儿子顺路经过，通过这里的主观原因我们可以发现，苏轼其实是在两种说法间犹豫不定。第三段介绍白天和晚上的两次探访，其中最为重要的是通过月夜探访身临其境、实地了解了得名原因，最后得出全文观点。"古之人不余欺也"一句在发现真相和导出观点之间，如果解释成命名的古人，那和第一段的两种解说没有什么联系，也无法有效证明观点。

生4：而且这句话的情感态度也很明显。最后一段苏轼点评了前文出现过的各类人物的优缺点——郦元是有"见闻"的，只是"言之不详"，可见苏轼整体还是肯定郦道元的。而士大夫的不能实地考察所以"不知"，遭到了苏轼的嘲笑。这样看来，"古之人不余欺也"一句中含有的肯定态度更偏向于郦道元才对。

上述三位学生的观点打动了其他学生，但是这番讨论中被忽略的"李渤"却进一步引起了学生对于观点句的疑惑：李渤可是"访其遗踪"了呀，还不能算"目见耳闻"吗？怎么能说他是"臆断"呢？

二、分析质疑——李渤是"臆断"吗？

在常规的认知体系中，"访其遗踪"代表着李渤肯定经历了"目见耳闻"的过程，那苏轼为什么会基于这样的观点否定李渤呢？"目见耳闻"的内涵是否有溢出于词汇表面的意思？苏轼对于李渤的评判到底如何呢？为了逐一解答这些问题，教师引导学生重新细读文本，梳理出文中轮番登场的各类人物的行动轨迹和目的以及作者在字里行间流露出的态度，并制成表格如下（表14）：

于无疑处生疑

表 14　不同人物、行为及态度梳理

人物	行为	众人态度	作者态度
郦道元	认为命名原因是水石相搏,声如洪钟	常疑之(却没有行动) 批评:士大夫不肯实地考察	(怀疑) 依据:"尤"反推预设 肯定:见闻同 批评:言之不详
李渤	最早基于怀疑实地考察认为命名原因是敲击石头的声音像敲钟	(认可) 依据:寺僧、小童的行为	更加怀疑 固笑而不信 批评:自以为得其实
舟人	因职业关系更容易看到真实情况	(不知道)	遗憾:不能言

通过这番梳理,学生有了三重新的发现:

首先,作者在第一段看似只提到了郦道元和李渤两种观点和得出过程,但是始终暗含着"众人"对于真相虽疑不查或者臆断盲从的情况,这才有了结尾段对士大夫行径的批评,进而强调"探之行"的重要。

其次,结尾段看似突兀的"渔工水师虽知而不能言"其实也和第三段"舟人大恐"暗暗呼应,舟人因为职业关系常常能目睹"水石相搏,声如洪钟"的奇景,也许对此也颇有心得,但却受限于对事情真相的表达且影响力有限,故不能将真相广为传播。苏轼对这类人的探讨补充了"探之果"不可或缺的重要性,并进一步结合郦道元"不详"的偏颇,完善观点——探索事物不仅要"目见耳闻",还要以"详言"使真相得以天下大白,正如苏轼《石钟山记》所做的一样。

最后也是最难的一点,学生发现苏轼以"陋者"的命名、"以斧斤考击而求之"的动作,以及"自以为得其实"的心理剖析极具概括性地将李渤和寺僧小童等人归为一类,并均报之以"笑"的态度。如果说寺僧小童只是无脑盲从的话,那李渤实地考察只是挑了两块石头"扣而聆之",之后更是不加进一步检验就得出结论——石钟山得名是因为石头能发出钟一样的声音,无怪乎苏轼要评价为"自以为得之"了。通过苏轼所重点强调的信息不难发现,苏轼对于这类人的"目见耳闻"不敢苟同——有探究的意愿，也愿意亲临现场，但是探究过程却如此草率，结论得出也如此主观，从而便和真相失之交臂了。

反观我们最初对这篇游记的看法又何尝不是一种基于经验的"臆断"呢？我们是否真的了解了苏轼所言"目见耳闻"的内涵呢？

三、调整完善——"目见耳闻"的完整内涵

课堂至此，学生若有所思，并按捺不住地想要进一步结合自己的新发现加以补充：

生5：我觉得苏轼之所以瞧不起这类人，就是因为他们的"目见耳闻"不是真正的"目见耳闻"，就像我们一开始觉得注释肯定是对的，我们往往会犯主观先行的错误，其实这也是很难避免的，但是我发现文本里似乎呈现了一种出路：苏轼虽然已经听到了水声像钟声一样，但是他没有立刻得出结论，而是"徐而察之"，然后基于对水入石隙现象的细致观察推理得出声音的来源，再明确命名原因，这个过程就不仅仅是"臆断"，而是真正的"目见耳闻"，还要加一个"心想"了。

生6：而且在听到水声之前，苏轼还渲染了山洞里的可怕，我觉得这也是突出探寻真相的不容易，很多人可能也来了，碰到那么吓人的场景，都会像舟人一样"大恐"，没心思管到底是什么情况了，往往半途而废，但是苏轼还能"徐而察之"，这真的是胆大心细了。

基于讨论，大家一致同意除了"探之行""探之果"之外，最为重要的是基于"探之难"的"探之思"，这些元素的集合才构成了苏轼笔下"目见耳闻"的全部内涵。

四、循环延伸——两个新谜团

对于《石钟山记》文本的探讨虽然告一段落，但是《石钟山记》给学生带来的质疑探究习惯却有如燎原之势。课上驳倒注释的学生又一次和注释"过不去"，注释中写道：苏轼由黄州团练副使调任汝州团练副使时，顺便送他的长子苏迈到饶州德兴县任县尉，途径湖口

县,游览了石钟山,写了这篇文章。但这位同学查了地图却发现汝州和饶州各在黄州的北面和南面,怎么能是"顺便"呢?

还有其他学生在课外拓展研读中,曾读到俞樾在《春在堂随笔》中对"石钟山记"命名原因的探讨出于"形"的"如钟覆地":"盖全山皆空,如钟覆地,故得钟名。上钟山亦中空。此两山皆当以形论,不当以声论。东坡当日,犹过其门而未入其室也。"①难道自诩严谨理性的苏轼也马失前蹄了?

面对这两个问题的挑战,学生跃跃欲试,分小组展开调查研习。

生2:我依然倾向于是注释搞错了,但是我发现了一个新的问题,苏轼要去汝州上任,结果往反方向跑是为什么呢?我们小组有三个推断,一个是因为苏轼对儿子感情比较深,我们查询了资料,苏轼之前因为敌对势力造谣招致乌台诗案被贬黄州,有很长一段时间不能和妻儿相聚,此次前往汝州也不知命运如何,所以先享天伦之乐送行儿子也是说得通的。另一个推论是苏轼不想去汝州赴任,他自己也说过自己厌恶做官"殆似小儿迁延避学",更何况这次又是基于党争的诬蔑与流放。还有就是基于本文第一段,也许是苏轼对于石钟山命名原因非常好奇,所以各种因素叠加就绕路去打个卡。

生1:我们小组还是支持注释,不过不是因为盲从教材权威,而是因为两个有力依据。其一是文本中第二段"因得观所谓石钟者"中的关联词"因",可以看到作者言下之意是因为送儿子,于是正好看到了石钟山。所以刚才大家说的第三个推论不能成立。其次,我们发现文本里有一个关于他们交通方式的细节"舟行",苏轼是坐船去汝州的,虽然地图上看汝州和饶州确实在黄州的南北两侧,但是这是开车思路的直线位置,如果要坐船的话必须要考虑水道,通过地图我们发现,从黄州到汝州的水道,确实会正好经过鄱阳湖,所以注释没有错,是我们最初对于交通方式的关注不够。

---

① 俞樾.清末民初文献丛刊·春在堂随笔[M].北京:朝华出版社,2017:291.

面对该小组强有力的证据，心生质疑的学生显得有些失望，但整个探究过程中的发现也给大家带来了很多启发，尤其是对于苏轼屡遭谣言中伤的背景分享让大家对于《石钟山记》中苏轼对于"谣言"的疑与笑有了更深的理解。

接下来学生开始集中讨论俞樾的观点对于苏轼观点的挑战，并对于"探究"要素做出了新的补充。

生5：其实苏轼和俞樾的发现都是具有偶然性的。苏轼去实地考察的时候是6月，刚好是夏季涨水期，他和儿子坐小船进山洞也可以印证这一点，所以他没办法整体把握石钟山"如钟覆地"的外貌特点；而俞樾是在冬季枯水期去考察，"余居湖口久，每冬日水落，则山下有洞门出焉……"所以能够把握到这一点。我们组觉得虽然苏轼最后的结论可能还是不完善，但不能因此就说他的探索是没有价值的，只能说是实验组还不够多，没有考虑到其他因素的影响，而这也是受到很多客观的外部条件的限制的。

确实，虽然通过俞樾在《春在堂随笔》中谈到的另一番景象，加上现代地理知识丰富，我们不难发现苏东坡当年看到的石钟山也只是彼时彼刻、具有局限性的石钟山，但仅从他克服思维惰性、仔细实地求证、完整记录分析的角度来看，他仍然具有"叹郦元之简，而李渤之陋"的资本。

五、评价总结——多重维度的"石钟山"

学生还进一步联系到刚才大家对于教材注释"顺便"的质疑——虽然最后质疑结果是失败的，但是能够关注到不合理之处加以研究思考，探究过程中的发现就都是有价值的。只是我们一定要心怀"探之谦"，因为探索其实也是永无止境的，容易百密一疏，我们需要不断互相质疑，然后帮助对方补充、完善，才能使得我们的认知更加完善。

苏轼所挑战的，不仅仅是地理意义上的石钟山，更是他人生中所不断面对的"石钟山"——他屡遭谣言中伤，小到将自身眼疾讹传为

于无疑处生疑

病逝,大到歪曲诗作硬扣罪名,而上到皇帝下到黔首,对于谣言或是无力辨识或是惰于辨识,他又能如何?这样看来,苏轼所挑战的,也是人们思维与内心的石钟山——面对权威观点、老生常谈、三人成虎,我们该如何自处?苏轼和俞樾这两位跨越时代的"辟谣者"已经用他们的身体力行带来了答案,而这堂课也在师生的共同努力下让大家找到了自己的答案。

教学流程

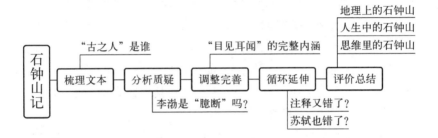

因文制宜

1. 无疑

当你读完本文后,你会露出会心一笑,这篇文章立意显豁通透,主旨清晰明了,我们的学习任务简单易行。对一件事情做出正确判断,必须要深入实际,认真调查,所谓实践出真知,这个道理人人皆知,《石钟山记》不正是要告诉我们这个道理吗?于是,你会想当然认为对本文的学习也不过如此。

2. 设疑

但冷静思考一下,《石钟山记》成为千古名篇,为历代文人墨客所推崇,究竟靠的什么?难道仅仅是文中所传达的生活中大家早已熟知的常识吗?如果是这样,那作者写这篇文章真正的价值和意义又何在呢?

3. 寻疑

于是,你回头再仔细推敲本文,将作者所陈述的事实、描述的经历和表达的观点,重新加以梳理,便会发现许许多多值得思考的问题。比如:"古之人不余欺也"中的"古之人"指的是谁?结合文下的注释,"古之人"是指称这座山为"石钟山"的古代的人。乍一看,这一注释大而无错,无尽的外延似乎穷尽了所有认可这座山为"石钟山"的人。但令我们感到疑惑的是,苏轼此处真的想认可所有称其为"石钟山"的人吗?你对"古之人"的所指,有没有自己的想法?与此同时,另一个问题或许又在我们心中徐徐升起:苏轼认为李渤"事不目见耳闻,而臆断其有无,可乎",但实际上,李渤确实去"访其遗踪"了,这点似乎比郦元做得还更好,郦元只不过是"'以为'下临深潭"。既然如此,文末苏轼带有嘲讽的"笑"合理吗?苏轼为何会偏执地认为李渤就是"臆断"?他的理由充分吗?

这样的问题在文中如果不仔细思考,常常会被我们的肉眼忽视。因此,较之于肉眼,我们更需要的是心眼。

4. 释疑

对石钟山得名原因的思考,在时间的沉淀中成为了一个千古谜题,是地理难题,也是一个文化难题。

在苏轼之后的数百年间,文人墨客纷至沓来,苏轼的文章激起了后人的游览和考证之趣。南宋周必大也写了一篇《石钟山记》,在文中他明确支持李渤的说法;清文人周准,认为苏东坡所见"犹有知之未尽"的地方,他游历石钟山后,认为这座山"石质轻清,又复中空多窍,所以风水相值,独若金奏"。就连曾国藩也卷入了石钟山命名缘由的争论中,他考察后发现石钟山的整体形状像一口腹中空空的"钟",所以才叫石钟山。

当你跨越时间线,走到今天,当你再回读"如要正确判断一件事物,必须要深入实际,认真调查"这一观点时,其中蕴含的道理是否更为曲折深邃了?

于无疑处生疑

5. 思疑

其实,何止是探究一座石钟山,在我们的生活中,很多事情需要我们实地考察,追根究底。然而,我们大多数人却偏偏不愿意付诸行动,是因为拙于才识而糊涂无知,还是因为容易满足而浅尝辄止,或是因为我们根本就是甘心做思想的奴隶?石钟山的命名谜团对我们确实有太多的启发。

从这一解读过程中,我们发现读文本不可流于浮泛,尤其是当我们面对一个众人皆知的常识问题时,更需要用理性冷静的眼光去思考,要从我们熟知的常识或结论中,去寻觅值得反思的蛛丝马迹。如果我们能遵循"文本梳理—深入分析—拓展延伸"这一认知过程,紧扣"无疑—设疑—寻疑—释疑—思疑"这一逻辑链,层层深入,不断从质疑中探寻真谛,或许就能直达文本的核心。

思维导览

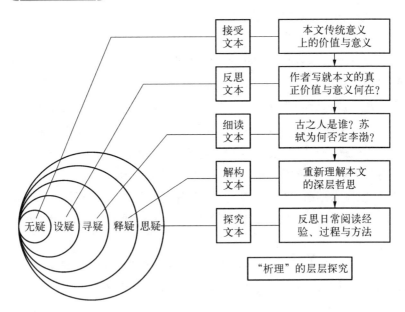

"析理"的层层探究

后　　记

　　作为一名一线教师,我平时的教学任务相当繁重,本书的写作持续了四年之久,中间时有断续,其间的辛苦更是难以言表。我是一名普通的教书匠,写作本就不是我的专长,我只是喜欢在课堂上和学生畅快地交流彼此的思想而已。完成写作的那一刻,看到我和学生的对话落成了可见的文字,心中颇感自豪,记录并保存彼此最朴实的情感和最真实的想法,这是我最幸福的时刻。

　　语文学科兼具人文性和思想性的特点,除了传授学科知识技能外,还肩负着育人思想、树人品格的任务,语文教师要努力将学生的思想和灵魂解放出来,和一个没有思想的人对话,你会感到世界的空洞无力。而要和有思想的人交流,首先自己得有思想,所以我努力让自己成为一名有思想的教育工作者。从2010年开始,我就有意识地从培养学生思维发展的角度出发,思考改进自己的语文教学。我及时更新自己的教学理念,改进日常课堂教学,收集整理课案,提炼教学经验,锐意进取,推陈出新。慢慢地,我发现我的改变也带来了学生的改变,学生开始喜欢上语文课,学习从被动变得积极主动,他们喜欢提问,喜欢表达自己的观点,执着于探求事物的真相,在睿智中添了一份理性成熟,在思辨中加了一份宽容大度。陶行知先生曾言"先生之最大的快乐,是创造出值得自己崇拜的学生",我越来越感受到教学变革给我带来的成就感。既然手头积累了一定数量的教案和课例,何不整理成书,让更多的教师和学生都能看到我们的思想火花,参与到我们的教学实践中来呢?本书的写作,除了对自己过去的

于无疑处生疑

工作做一次系统整理,也寄望于燃起的星星之火可以成燎原之势。

　　对于自身的实力,总有一点自知之明,在完成书稿的过程中,我始终以最高的标准来要求自己,尽可能地做得更好。我对书中诸多章节进行了反复的打磨修改,还请了经验丰富的老教师和活力创新的青年教师进行试读,他们提出了许多宝贵的修改意见。在这个过程中,身边同事的无私帮助给予了我很大的动力。尤其要感谢我的学生,是他们全身心的参与,推动我鼓足勇气,积极向前。当然,主观愿望与实际效果常常存在一定的差距,尽管常常不能敏于察觉自己的问题,但意识中还是会自我提醒可能有问题存在。在此,我诚恳地希望各位读者能抽出宝贵的时间,帮助我发现书中的不足和缺点,并敬请各位批评指正,不胜感激。

杨俊杰
2023 年 3 月